Kumakura Hiroyuki
熊倉啓之
[編著]

小学校・中学校・高等学校を一貫した

「割合」の指導

明治図書

はじめに

2015（平成27）年全国学力・学習状況調査の算数の問題B②に，割合に関する次の問題が出題されました。

> せんざいを買います。家で使っているせんざいが，20%増量して売られていました。増量後のせんざいの量は480mL です。増量前のせんざいの量は何 mL ですか。
> （国立教育政策研究所，2015）

これは，小5で扱う「第3用法」と呼ばれる基本的な問題であり，正しい解答は480÷1.2＝400mL です。しかし，正答率はわずか13.4%でした。割合の問題を苦手とする小学生がいかに多いかがわかるでしょう。

一方，割合は，小学生だけではなく，中学生や高校生，大人にとっても決して易しいわけではありません。例えば，次のような選挙の投票率に関する記述において，空欄にあてはまる適切な表現を考えてみましょう。

> ある町の町長選挙の投票率は，前回が40%，今回が60%だったので，前回に比べて，[　　　　　]増加しました。

「20%」と答えたくなるかもしれませんが，実はこれは誤りです。適切な表現は，「ア　20%ポイント」，「イ　50%」のいずれかになります。

アの「ポイント」という表現は，投票率のニュース等でよく見かけるでしょう。%をつけずに単に「ポイント」と表現することも多いですが，本来は，スポーツの得点等で使う「ポイント」と区別するために，「%ポイント（パーセントポイント）」という表現を使う方が望ましいかもしれません。

一方，この表現を「ポイント」を使わず「%」のみで表現すると，イが正解です。それは，次の通り前回の投票率40%を基準量と考えるからです。

$(60-40)÷40＝0.5＝50\%$

　実は，上記のアとイを区別して扱っているような問題を，フィンランドの教科書の中に見つけました。一方，日本の算数・数学の教科書では，このような問題は一切扱われていません。そうだとすれば，果たしてどの程度の小・中・高校生や大人が「20％増加した」とする誤りを指摘し適切に表現できるのか，甚だ不安です。

　日本のカリキュラムでは，単元を設けて「割合」を指導するのは，小4，小5のみです。しかし，冒頭の「洗剤の問題」等が解決できるような割合の「基本的な理解」（第4章で詳説）を確実なものとし，さらに「％ポイント」等の考えが活用できるような割合の「深い理解」（第4章で詳説）を目指すには，小4，小5のみでなく，中学校や高等学校も含めて，意図的かつ体系的に，割合に関する指導を行っていくことが重要であると考えます。

　筆者らは，その具体化に向け，7年間にわたり研究を積み重ねてきました。本書は，その研究成果をまとめ，理論編と実践編に整理したものです。

　理論編の第1章では，「割合」とは何か等について考察します。

　第2章では，小・中・高校生，及び大学生の割合の理解の実態を把握するために，調査問題を作成・実施・分析し，その結果について述べます。

　第3章では，日本と異なり，中学校や高等学校でも単元を設けて割合を扱っているフィンランドの割合指導について，その具体を述べます。

　第4章では，第1～3章の結果を踏まえて，小・中・高を一貫した割合の体系的指導の構想を提案します。

　続いて実践編では，小・中・高の各学校段階における割合の理解に関わる実践例を，実際に行った授業を踏まえて，第5～7章で述べます。

　本書が，児童・生徒（さらには成人も含めて）の割合の理解の改善に少しでもつながれば，望外の喜びです。

2025年3月

熊倉啓之

もくじ

はじめに／002

理論編

第1章
割合とは何か

第1節　割合の意味とよさ／008

第2節　割合の問題の分類／012

コラム 比と割合の関係は？／016

第2章
小・中・高・大学生の割合の理解の実態

第1節　実態調査の概要／018

第2節　小学生独自問題の結果と傾向／020

第3節　小～大学生共通問題の結果と傾向／026

第4節　中～大学生共通問題の結果と傾向／032

コラム フィンランドの中学生の割合の理解の実態は？／038

第3章
フィンランドの割合指導

第1節　カリキュラム／040

第2節　小学校での割合指導／042

第3節　中学校での割合指導／046

第4節　高等学校での割合指導／050

コラム 割合の問題解決に用いる図─海外では？／054

第4章

小・中・高を一貫する割合の体系的指導

第1節　割合の体系的指導の概要／056

第2節　割合の体系的指導の具体／060

コラム 割合の理解と関連の深い単元の内容は？／066

実践編

第5章

小学校での実践

第1節　ゴムの伸びやすさ（小4・簡単な場合についての割合）／068

第2節　くじの当たりやすさ（小5・割合）／074

第3節　シュート率（％）の意味（小5・割合）／080

第4節　くじの本数（小6・比）／086

コラム 10%割引と10%増量はどちらがお得？／092

第6章

中学校での実践

第1節　食材の廃棄率（中1・1元1次方程式）／094

第2節　満月の見かけの大きさ（中1・課題学習）／100

005

第3節　割引価格を比べる（中2・文字を用いた式）／106

第4節　選挙の得票率（中2・連立2元1次方程式）／112

第5節　お土産の売上金額（中3・簡単な多項式）／118

コラム　10%値上がりしたら10%節約すればよい？／124

第7章

高等学校での実践

第1節　家庭学習時間の増減（数学Ⅰ・データの分析）／126

第2節　新幹線の乗車率（数学Ⅰ・課題学習）／132

第3節　平均合格率（数学Ⅰ・課題学習）／138

第4節　陽性判定者の確率（数学Ａ・条件付確率）／144

引用文献・参考文献／150

理論編

第1章
割合とは何か

第1節　割合の意味とよさ

1　割合の意味

(1)算数科で学ぶ「割合」とは？

　算数科で学ぶ「割合」とは何でしょうか。令和5年検定済の算数教科書（4年生）を調べると，「割合」について次のいずれかで定義されています。
　ア　基準量に対して，比較量が何倍に当たるかを表す数
　イ　基準量を1とみるとき，比較量がいくつに当たるかを表す数
　例えば，割合0.8と割合1.2を，大雑把に図1-1に示してみました。結果として，どちらの定義でも同じ数値を表していることがわかるでしょう。

図1-1　割合0.8と割合1.2

　定義アの見方は，すでに小2で学習済みの「倍」の考えと関連していて，割合の意味を理解するうえで大切です。実際，この見方により，次の式（第2用法：後述）が成立することがわかります。
　（基準量）×（割合）＝（比較量）
　一方，定義イの「一方を1とみる」とする新たな見方は，割合に限らず，

今後の数学学習の様々な場面で登場する欠かせない見方です。したがって，定義がどちらであっても，両方の見方を理解することが重要です。

いずれにせよ，「割合」とは，2つの数量の大きさを比較するために，一方の量（基準量）に対する他方の量（比較量）の相対的な大きさを数値で表したものということができるでしょう。そして，基準量と比較量を用いて「割合」を求める式（第1用法：後述）は，次のようになります。

$$(割合) = \frac{(比較量)}{(基準量)}$$

なお，図1－1からわかるように，基準量と比較量の大小関係によって，割合が1より小さいか大きいかが決まります。

また，基準量と比較量の2つの量が，同じ種類の場合と異なる種類の場合が考えられます。例えば，異なる種類の場合の割合としては，速さ（基準量が時間，比較量が長さ）や人口密度（基準量が面積，比較量が人数）等があります。以下本書では，特に断りがない限り，「割合」というときは，同じ種類（同種）の2量の割合を指すものとします。

(2)割合の過去の算数教科書での扱い

算数教科書では，割合の定義が，昔から(1)で述べたアまたはイのように定義されていたわけではありません。太平洋戦争以前の緑表紙教科書（1935～1942）や戦後の生活単元学習時代（1947～1958）の教科書では，割合という用語は日常語として使用され，特に教科書では定義されていませんでした（直，1990）。そもそも現在のような割合を主とする単元は設けられず，代わりに「歩合」あるいは「歩合算」という単元が設けられていました。その後，系統学習時代（1958～1970）の教科書から，「割合」という単元が設けられるようになり，さらに現代化時代（1971～1979）から徐々にアまたはイのように割合を定義する教科書が見られるようになってきて，現在はすべての教科書で，アまたはイのように定義しています（熊倉他，2023）。

日常語として使用していたときは，例えば「AとBの割合」といった基準

第1章　割合とは何か　009

量を明確にしない表現のように，定義ア，イよりも広い意味で「割合」という用語を用いていました。実は現在でも，一部の教科書で同様の表現を使っているだけではなく，日常的に使用されることもあります。しかし，「割合」を上記ア，イのように定義するのであれば，「AとBの割合」というあいまいな表現は避けて，基準量を明確にした「AをもとにしたBの割合」や「AとB合わせた全体に対するAとB（それぞれ）の割合」等といった表現を使っていくのが望ましいと思います。

(3)割合の表現

割合を表現するのに，百分率（％）や歩合（割，分，厘）も利用されます。これらの表現により，割合を整数値で表せることが増えて大きさが把握しやすくなること，「％」や「割」等の割合の単位がつくことでその数値が割合を表すことが明確になること等を長所としてあげることができるでしょう。

「割合は0.8 $\left(\frac{4}{5}\right)$ である」
＝「割合は80％である」
＝「割合は8割である」

また，百分率や歩合で表される数値は，百分率の場合には基準量を100とみるときの比較量の大きさを，歩合の割の場合には基準量を10とみるときの比較量の大きさを表している，とみることもできます（図1－2参照）。

図1－2　百分率と歩合

なお，歩合は，中国からの影響を受けつつ日本で独自に開発された単位ですが，百分率は，明治時代に西欧から輸入され利用するようになった単位です。それぞれには，表1－1の通り，さらに小さい割合の単位もあります。

表1-1　小さい割合の単位

割合	単位（日本）	単位（西欧）
0.1	割（わり）	－
0.01	分（ぶ）	％（パーセント）
0.001	厘（りん）	‰（パーミル）
0.0001	毛（もう）	‱（パーミリアド）
0.00001	糸（し）	－
0.000001	忽（こつ）	ppm（パーツパーミリオン）

2　割合のよさ

　割合のよさは，次の2点にあると言えます（熊倉他，2024）。
　ア　基準量に対する比較量の相対的な大きさを把握する。
　イ　新たな指標を用いて，2つの数量の関係と，別の2つの数量の関係を
　　　比較する。
　よさアは，例えば，ある列車の混雑の度合いを知るのに，「乗車定員160人
中125人が乗車」と示すこともできますが，「乗車率が約78％」と表現するこ
とで乗車定員に対する乗車数の相対的な大きさを把握することができ，混雑
の度合いが把握しやすくなります。
　よさイは，例えば，小5のいくつかの教科書で扱っているバスケットボー
ルのシュートした回数とシュートが入った回数の関係から，

$$\frac{（シュートが入った回数）}{（シュートした回数）}=（シュートの成功率）$$

という指標「成功率（あるいはシュート率）」を用いて，シュートの成績
（うまさ）を比較することができます。割合として利用されている新たな指
標は，他にも「正答率」「増加率」「成長率」などをはじめ，「〇〇率」等で
表され，日常的にも多数見かけるでしょう。これらの指標を用いて，2つの
数量の関係を比較することが可能になります。
　これらのよさを意識して，指導を工夫することが重要と言えます。

第1章　割合とは何か　011

第2節　割合の問題の分類

　割合に関する様々な問題を分析して，求める量，問題の文脈，割合同士の乗除演算の有無，その他の4つの観点で，問題を分類しました（熊倉他，2019）。以下で，それぞれについて説明します。

1　求める量による分類

　第1節1（1）で述べたように，基準量，比較量と割合には次の関係式が成立します。

　　ア　（基準量）×（割合）＝（比較量）

この式を等式変形することで，次の2式が成り立ちます。

　　イ　（割合）＝ $\dfrac{（比較量）}{（基準量）}$ 　　　　ウ　（基準量）＝ $\dfrac{（比較量）}{（割合）}$

　3つの式を比べると，アは比較量を，イは割合を，ウは基準量を求める式となっていることがわかります。これらを順に，第2用法，第1用法，第3用法といいます。

　例えば，第1～3用法の問題として次の例をあげることができます。

　（第2用法の例）150gの80%は何gか。

　（第1用法の例）150gをもとにすると，120gは何%か。

　（第3用法の例）ある量の80%が120gのとき，もとの量は何gか。

　日本では，上記のように第1～3用法と呼んでいますが，海外の論文では，比較量を求める問題（第2用法）をCase 1，割合を求める問題（第1用法）をCase 2と呼んでいる場合もあります（例えば，Parker, M.et al.,1995）。

012

2 問題の文脈による分類

「基準量」と「比較量」の関係によって、様々な文脈の問題が考えられます。例えば、次の通りです。

（例ア）　A組の生徒35人のうち、自転車通学の生徒は14人である。A組の生徒全体に対する自転車通学の生徒の割合は何％か。

（例イ）　A組の自転車通学の生徒は、昨年度が10人だったが、今年度は昨年度よりも4人増加した。昨年度に比べて何％増加したか。

（例ウ）　自転車通学の生徒は、A組が12人、B組が9人である。A組の自転車通学者数に対するB組の自転車通学者数の割合は何％か。

これらの問題の基準量、比較量を、それぞれこの順に示すと次の通りです。

例ア：A組の生徒全体数、A組の自転車通学者数

例イ：A組の昨年度の自転車通学者数、A組の今年度の自転車通学増加数

例ウ：A組の自転車通学者数、B組の自転車通学者数

それぞれの基準量と比較量の関係を図示すると、図1－3の通りです。これらを、それぞれ「全体部分型」「増減型」「対比型」と呼ぶこととします。

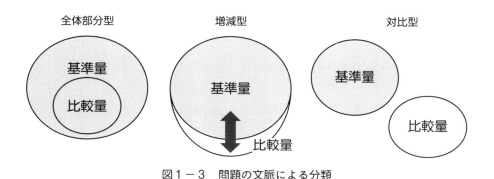

図1－3　問題の文脈による分類

全体部分型は、比較量が基準量の一部分になっている場合で、割合は1

（100％，10割）を超えません。

増減型は，基準量が増加または減少する文脈の問題で，次のように減少する問題も考えられます。

（例イ´）A組の自転車通学の生徒は，昨年度が10人だったが，今年度は昨年度よりも4人減少した。昨年度に比べて何％減少したか。

なお，例イ（例イ´）は基準量に対する「増加分（減少分）の量の割合」を求める問題ですが，「増加（減少）後の量の割合」を求める問題も考えられます。これらも増減型の問題と呼ぶこととします。

対比型は，2つの数量が特に関係ない場合で，基準量と比較量との大小関係により，割合は1より小さかったり大きかったりします。

3 割合同士の乗除演算の有無による分類

フィンランドの教科書では，次のような日本の教科書にはほとんど見かけない問題を扱っています（熊倉，2022）。

（例エ）ある製品の価格は，最初に25％上昇したが，その後30％減少した。最終的に，何％の増加または減少になったか。（高校）

（例オ）2015年度国会議員選挙の国民連合党の支持率は18.2％で，2011年度の選挙では20.4％であった。政党支持率は，何％下落したか。（高校）

例エは，次の通り求められます。

最初に25％上昇→その後30％減少だから，（1 + 0.25)倍→（1 − 0.3）倍で，$1.25 \times 0.7 = 0.875$より，$1 − 0.875 = 0.125 = 12.5$％減少

この問題は，割合の割合を考えて，割合同士をかける（1.25×0.7）ことになるので，このタイプの問題を「PPタイプ」と呼ぶことにします。

一方，例オは，次の通り求められます。

20.4％→18.2％に下落だから，20.4％に対して，（20.4 − 18.2）％下落したので，$\frac{20.4 - 18.2}{20.4} = 0.1078\cdots \fallingdotseq 10.8$％下落

この問題は，割合をもとにした割合を考え，割合を割合でわる（2.2÷20.4）ので，このタイプの問題を「P/Pタイプ」と呼ぶことにします。「はじめに」で述べた投票率のイで答える方もP/Pタイプの問題です。

4 その他の問題の分類

(1)%ポイントの問題

3項のP/Pタイプの問題とセットで，フィンランドの教科書では次のような問題を扱っています。

（例カ）　2015年度国会議員選挙の国民連合党の支持率は18.2％で，2011年度の選挙では20.4％であった。政党支持率は，何%ポイント下落したか。（高校）

例カは，次の通り求められます。

割合の差を直接計算して，20.4−18.2＝2.2%ポイント下落

「はじめに」で述べた投票率のアで答える方も同じタイプの問題です。%ポイントとP/Pタイプの問題は混同しやすいので，注意が必要です。

(2)混合タイプの問題

2つの量の割合が与えられたとき，これらを混合したときの割合を考える次のような問題があります。

（例キ）　濃度20％の食塩水100gと濃度30％の食塩水150gを混ぜると，何%の食塩水ができるか。

例キは，次の通り求められます。

混ぜた後の食塩が（100×0.2＋150×0.3）g，食塩水が（100＋150）gだから，

$$\frac{100 \times 0.2 + 150 \times 0.3}{100 + 150} = 0.26 = 26\%$$

20％と30％をそのまま加えて50％とすることができないことに留意する必要があります。

コラム

比と割合の関係は？

例えば、長方形の縦の長さが2cm、横の長さが3cmの長方形を考えます。この長方形において、縦と横の長さの関係を表すのに、2つの辺の長さを使って「2：3」と表したものが比です。一方、横の長さを1とみるとき縦の長さを「$\frac{2}{3}$」と表したものが割合です。

これを図で表すと、図1-4の通りです。

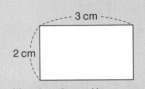

縦：横＝2：3 ←比
横を1とみると、縦は$\frac{2}{3}$ ←割合

─ 2つの数量の関係の表し方 ─

| 基準量に対する比較量を「1つの数」で表す＝割合 | 「2つの数の組」で表す＝比 |

図1-4 割合と比の関係の捉え方

また、長方形の例で、「横の長さに対する縦の長さの割合$\frac{2}{3}$」は2：3の比の値になっていることがわかるでしょう。すなわち、次の通りです。

($a：b$の比の値) = (bを基準量としたときのaの割合)

なお、比と比の値を区別せずに、$a：b = \frac{a}{b}$とする書物もあります（$a：b$がわり算を表す国もあります）が、これまでの算数教科書では、比と比の値を区別して使用しています。

上記を踏まえると、「比」や「割合」を用いた様々な表現が考えられますが、本章で述べたアやエのような表現は極力避けた方がよいと思います。

ア　aとbの割合　　イ　aのbに対する割合（bに対するaの割合）
ウ　aとbの比　　　エ　aのbに対する比（bに対するaの比）
オ　aのbに対する比の値（bに対するaの比の値）

理論編

第2章
小・中・高・大学生の割合の理解の実態

第1節　実態調査の概要

1　調査の目的

　「はじめに」でも述べたように，小4，小5のみでなく，中学校や高等学校までも含めて，意図的かつ体系的に，割合に関する指導を行っていくことが重要です。具体的な指導内容を検討するにあたり，まずは，小学生から中学生，高校生の割合の理解の実態を把握する必要があると考えました。これまでにも，全国学力・学習状況調査（算数）をはじめとして，教育課程実施状況調査や特定の課題に関する調査などの国内調査，TIMSS 調査や PISA 調査などの国際調査で割合に関する問題が出題され，割合の理解の実態が分析されてきました（熊倉他，2019）。また，大規模調査結果を基に，主として小学生の割合の理解の経年変化について分析した研究（金井，2002）も散見されます。しかし，小学生以外に中学生や高校生，さらには教員を目指す大学生までも含めた割合の理解に焦点を当てた横断的な調査は他に見られません。そこで，小学生から大学生までの実態調査を実施することとしました（熊倉他，2019；栢元他，2021；熊倉他，2022）。

2　調査の概要

　調査の概要は表2－1の通りです。調査対象は，小学生（1175人），中学生（1132人），高校生（1192人），大学生（1022人）です。このうち，高校生の在籍校は，3校がいわゆる中堅校で1校が進学校です。また，大学生の所属は，国立教員養成系大学・学部で，小学校教諭免許状取得予定で算数科教

育法を受講した学生（除中学数学免許取得予定者）を対象としました。

表2－1　割合の理解の実態調査の概要

対象	学年	人数	学校数	時期	問題数
小学生	5年	645人	公立7校	2021年 2～3月	6問 (Q1～Q6)
	6年	530人			
中学生	1年	368人	公立5校	2018年 1～3月	6問 (Q4～Q9) *中・高・大は 全問同一 *3問（Q4～Q 6）が小と共通
	2年	368人			
	3年	396人			
高校生	1年	656人	県立4校	2018年 1～3月	
	2年	536人			
大学生	2～3年	1022人	国立10校	2018年 4～11月	

　調査時期は，中・高・大学生調査はほぼ同じ時期ですが，小学生調査はそれに比べて少し遅く，調査対象の小学生は，平成29年告示学習指導要領（移行期間も含めて）の下で学習しています。

　問題数は，表中にあるようにいずれの調査も6問ですが，中・高・大学生調査はすべて同一問題，小学生調査と中・高・大学生調査は，6問中3問が共通問題です。

　以下では，これらの問題を次のように3つに分類することとします。
●小学生独自問題　　　Q1，Q2，Q3［小で扱う基本問題］
●小～大学生共通問題　Q4，Q5，Q6［小で扱う基本問題（文脈有)］
●中～大学生共通問題　Q7，Q8，Q9［小で扱っていない発展問題］

　ただし，小学生調査のQ4，及び中・高・大学生調査のQ5については，調査対象者が問題解決方法を説明するのにどのような図表等を用いるのがわかりやすいと考えるかを調べるために，それぞれに共通の小問(2)を設け，もとの問題を(1)としました。

　各問題の具体は，その結果及び傾向とあわせて，第2節以降で述べます。

第2章　小・中・高・大学生の割合の理解の実態　019

第2節 小学生独自問題の結果と傾向

1 Q1の問題とその結果

【Q1】 次の問題について，式と答えを書きなさい。
(1) 5mの3倍は何mですか。　(2) 4mの0.6倍は何mですか。
(3) 2mは5mの何倍ですか。　(4) 300円の80%は何円ですか。
(5) 4kgは5kgの何%ですか。

　(1)は整数倍による第2用法，(2)は小数倍による第2用法，(3)は小数倍による第1用法，(4)は百分率による第2用法，(5)は百分率による第1用法の理解度をみる文脈なしの基本問題です。

　Q1の解答類型とその反応率は表2－2の通りです。なお，以下の表の◎は正答，○は準正答を示し，正答率は正答と準正答とを合わせた数値です。また，本節の表では，「その他」と「無解答，途中」の項目を合わせて示しています。

　表2－2から，次の点を指摘できます。

ア　(1)と(2)の正答率は，小5，小6いずれも95%を超えていて，整数倍，小数倍による第2用法については，児童の理解の状況はよいと考えられます。

イ　(3)の正答率は，小5，小6いずれも65%に満たず，Q1の中で最も低い結果です。誤答では，「5÷2」が最も多く，基準量を逆に捉えた誤りです。「倍」という言葉から「1より大きくなる」というイメージを

020

想起して，基準量を逆に捉えてしまうことが考えられます。

ウ　(4)の正答率は，小5，小6いずれも75％強です。(2)と同じ第2用法の問題ですが，正答率は(2)の小数倍よりも(4)の百分率の方が20％ポイント以上低く，百分率の理解が十分ではない児童がいることがわかります。誤答の中では「300÷0.8」が目立ちます。百分率（％）にわり算のイメージがあり，このような式をつくって答えを求めたのかもしれません。

エ　(5)の正答率は，(4)と同様に小5，小6いずれも75％強です。(3)と同じ第1用法の問題ですが，正答率は(3)の小数倍よりも(5)の百分率の方が15％ポイント程度高く，上記ウで述べた傾向とは逆であることがわかります。誤答の中では「5÷4，5÷4×100」が目立ちます。これは，(3)の正答率が上記イで述べたように低くなっているのと同様で，基準量を逆に捉えた誤りです。

表2−2　Q1の解答類型とその反応率（％）

Q1	解答類型	正誤	小5	小6
(1)	5×3	◎	96.7	98.9
	計算ミス	○	0.2	0
	その他／無解答，途中		3.1	1.2
	正答率		96.9	98.9
(2)	4×0.6	◎	90.9	96.2
	計算ミス	○	4.8	2.5
	その他／無解答，途中		4.4	1.4
	正答率		95.7	98.7
(3)	2÷5	◎	58.3	58.9
	計算ミス	○	3.7	2.6
	5÷2		28.2	33.4
	5×2		8.2	4.0

第2章　小・中・高・大学生の割合の理解の実態　021

	その他／無解答，途中		1.5	1.2
	正答率		62.0	61.5
(4)	300×0.8	◎	75.2	75.3
	計算ミス	○	0.3	0.9
	300÷0.8		10.9	6.0
	300×80		1.6	0.6
	その他／無解答，途中		12.1	17.1
	正答率		75.5	76.2
(5)	4÷5×100	◎	57.8	64.2
	4÷5	◎	14.3	8.3
	計算ミス	○	5.0	3.2
	4×5		4.8	2.3
	5÷4，5÷4×100		10.5	10.6
	その他／無解答，途中		7.6	11.3
	正答率		77.1	75.7

2 Q2の問題とその結果

【Q2】 次の問題について，式と答えを書きなさい。
(1) 5mを1とみると，3にあたるのは何mですか。
(2) 5mを1とみると，2mはいくつにあたりますか。

(1)は「1とみる」という表現を使った第2用法，(2)はその第1用法の理解度をみる文脈無しの基本問題です。(1)はQ1(1)と，(2)はQ1(3)と，それぞれ同じ数値を使った本質的に同じ問題です。

Q2の解答類型と反応率は表2－3の通りで，次の点を指摘できます。

ア　Q2(1)とQ1(1)の正答率を比較すると，Q2(1)の方が小5で23.5%ポイント，小6で18.9%ポイント低い結果です。「1とみると～にあたる」という表現の意味の理解に課題があることがわかります。最も多い誤答は，「3÷5，1÷5×3」であり，「1とみると～」という表現を正しく理解していないことがわかります。

イ　Q2(2)とQ1(3)の正答率を比較すると，上で述べた傾向とは異なり，正答率に大きな違いはありません。小6では，Q1(3)よりもQ2(2)の方が正答率がわずかながら増加している（＋2.4%ポイント）ことを踏まえると，第1用法の問題では，「1とみると～にあたる」という表現を用いた方が基準量を正しく判断できる児童が，一定数いると考えられます。基準量を正しく捉えるうえで，「1とみると～にあたる」という見方が重要であることが示唆されます。

表2－3　Q2の解答類型とその反応率（%）

Q2	解答類型	正誤	小5	小6
(1)	5×3	◎	72.9	79.6
	計算ミス	○	0.5	0.4
	3÷5，1÷5×3		15.5	12.3
	5÷3		1.6	2.5
	その他／無解答，途中		9.6	5.1
	正答率		73.4	80.0
(2)	2÷5	◎	60.0	62.8
	計算ミス	○	1.4	1.1
	5÷2		14.1	14.9
	5×2		10.9	9.4
	その他／無解答，途中		13.6	11.7
	正答率		61.4	63.9

3 Q3の問題とその結果

【Q3】 次の問題について，求め方と答えを書きなさい。

(1) あるロープの長さの0.6倍が15mのとき，このロープの長さは何m
ですか。

(2) ある荷物の重さの40％が10kgのとき，この荷物の重さは何kgで
すか。

---

 (1)は小数倍による第3用法，(2)は百分率による第3用法の理解度をみる
簡単な文脈がある基本問題です。

 Q3の解答類型と反応率は表2-4の通りで，次の点を指摘できます。

ア (1)の正答率は，小5，小6いずれも70％を超えています。最も多い誤
答は「15×0.6」で，0.6倍の基準量を15mと捉えて第2用法の問題とし
て答えを求めようとするものです。基準量を正しく捉えることに課題が
あると考えられます。

イ (2)の正答率は，小5，小6いずれも70％未満です。正答率が(1)よりも
低いのは，Q1(2)とQ1(4)とを比べたときの傾向と同様であり，百分
率の理解が十分でない児童がいると言えます。比較的多い誤答は「10×
0.4，10×40」で，40％の基準量を10kgと捉えて第2用法の問題として
答えを求めようとするものです。(1)と同様に，基準量を正しく捉える
ことに課題があると考えられます。

ウ (2)の正答した児童の方法を分析すると，「10÷0.4」（「基準量＝比較量
÷割合」の公式を用いた方法）は，小5から小6へ減少している（－
7.2％ポイント）一方で，「□×0.4＝10」の式から求める方法や，帰一法
（まず1％あたりの重さを求め，次に100％にあたる重さを求める）に
よる方法（10÷40×100）を始めとする「その他」の方法による解答が増
えています。すなわち，学年進行とともに多様な方法が用いられるよう

になっていることが読み取れます。これらの結果から，第3用法の公式（基準量＝比較量÷割合）のみを強調するような指導ではなく，多様な解決方法を扱うことの重要性が示唆されます。

表2－4　Q3の解答類型とその反応率（%）

Q3	解答類型	正誤	小5	小6
(1)	15÷0.6	◎	50.1	54.3
	□×0.6＝15	◎	11.2	15.1
	計算ミス	○	8.8	9.4
	15×0.6		16.6	11.5
	その他／無解答，途中		13.3	9.6
	正答率		70.1	78.8
(2)	10÷0.4	◎	45.7	38.5
	□×0.4＝10	◎	8.2	11.9
	その他(帰一法等)	◎	6.7	16.4
	計算ミス	○	3.6	2.6
	10×0.4，10×40		14.3	9.6
	その他／無解答，途中		21.6	21.0
	正答率		64.2	69.4

　全体を通して，いずれの問題も，大きな課題は基準量の把握にあることがわかります。指導への示唆として，次の点を挙げます。

　Q1(1)とQ2(1)，Q1(3)とQ2(2)の比較から，「1とみる」見方と表現は小学生にとっては決して易しくないこと，その一方で，第1用法の問題解決では，この見方が基準量を捉えるうえで有効であると示唆されることを踏まえると，算数科の学習指導においては，指導順序にも配慮しながら，「1とみる」見方と表現をきちんと扱うことが重要です。例えば，「2は5の0.4倍である」「2は5の40%である」「5を1とみると，2は0.4にあたる」「5を100とみると，2は40にあたる（百分率）」「5を10とみると，2は4にあたる（歩合）」といった表現はすべて同じ意味を表すことを，繰り返し指導していくことが重要であると考えます。

第2章　小・中・高・大学生の割合の理解の実態　025

第3節　小～大学生共通問題の結果と傾向

1　Q4の問題とその結果

【Q4】　次の問題について考えます。

定価2000円のケーキを30%引きで売るとき，割引後の価格はいくらになりますか。

(1) 割引後の価格を求める式と答えを書きなさい。
(2) (1)の求め方がよくわからないという友だちに，あなたが図・表・絵などを使ってわかりやすく説明するとしたら，どのように説明しますか。下に書きなさい。ただし，図・表・絵などをすべて使う必要はありません。

　Q4(1)は，第2用法（増減型）の理解度をみる文脈有の問題です。

　Q4(2)は，(1)を「わかりやすく説明する方法」を評価する問題です。なお，中～大学生調査ではまったく同じ内容の問題をQ5の(2)として置いています。

　Q4(1)の解答類型とその反応率は表2－5の通りで，次の点を指摘できます。

ア　Q4(1)は，第2用法の百分率の基本的な問題であり，正答率は，小5から大学生まで学年進行とともに上昇しています。この買い物の場面の問題は，日常生活でも出合う文脈であって，生活経験や学習経験を通し

て理解が深まっていくものと考えられます。

イ　正答率は，小５，小６でいずれも70％前後，中３では80％を超えています。一方，最も多い誤答は「2000×0.3」であって，割引分である30％の料金を求めただけの解答です。

表2−5　Q4(1)の解答類型とその反応率（%）

解答類型	正誤	小5	小6	中1	中2	中3	高1	高2	大
2000×0.7	◎	42.5	46.0	47.8	48.9	48.5	58.7	64.4	82.0
2000−2000×0.3	◎	23.9	22.5	24.5	25.0	32.1	27.3	29.9	16.4
計算ミス	○	2.2	1.5	0.8	1.9	0.8	1.1	1.1	0.2
2000×0.3		13.6	9.4	7.3	7.9	7.1	5.9	1.5	0.3
2000−30		2.5	2.1	0.3	0.3	0.5	0.3	0	0
その他		8.2	9.4	10.9	10.6	7.6	2.7	2.6	1.0
無解答，途中		7.1	9.4	8.4	5.4	3.5	4.0	0.6	0.1
正答率		68.6	70.0	73.1	75.8	81.4	87.1	95.4	98.6

　次に，Q4(2)の解答類型とその反応率は表2−6の通りです。ただし，中高生調査では，Q5(2)の数値です。なお，表中の数値は，Q4(1)またはQ5(1)で正答（準正答も含む）した者を対象に集計した結果です。また表中の「線分図」は線分の長さで数量を表した図，「複線図（数直線図）」は線分に目盛りがありその位置で数量を表した図のことです。図2−1〜2−4に解答例のいくつかをあげておきます。表2−6から，次の点を指摘できます。

ア　算数教科書で扱われる「複線図」による説明は，小５では18.3％と多いですが，小６で6.5％に減少し，中１〜高１では１人もいません。学年が進むと，「複線図」に代わって「絵等」「テープ図」や「表」など様々な図や表を使った説明が増えています。また，小５，小６では「式や言葉のみ」が30％を超えていて，図や表を使う解答は，中高生に比べて低

第２章　小・中・高・大学生の割合の理解の実態　027

くなっています。図や表を適切に使って説明する力の育成が望まれます。
イ 「式や言葉のみ」を除いて反応率が高いのは，小6では「線分図」や「テープ図」であり，中高生では「絵等」や「テープ図」です。学年が進むと，子どもはテープ図等の2次元の広がりのある図の方がわかりやすいと考えているものと推測されます。
ウ 「その他」には，第1用法～第3用法の3つの公式を覚えるための「く・も・わ」を用いた簡便図が小学生の解答にはありましたが，中高生調査では見られません。「く・も・わ」の図についても，「複線図」同様に，わかりやすい図とは捉えていないことが読み取れます。

表2-6 Q4(2)またはQ5(2)の解答類型とその反応率（%）

解答類型	小5	小6	中1	中2	中3	高1	高2	大
絵，絵＋矢印等	7.0	6.7	17.8	29.0	33.7	28.6	24.2	21.0
テープ図等	12.0	11.1	11.9	8.6	10.7	28.6	27.7	30.6
線分図	5.4	19.7	5.9	7.5	3.9	5.0	2.5	3.9
複線図（数直線図）	18.3	6.5	0	0	0	0	0.3	1.2
表	4.1	4.6	12.9	4.3	11.8	5.5	5.8	2.3
円グラフ	2.3	1.6	0	1.1	0	1.6	1.0	1.6
関係図	2.0	3.0	7.9	14.0	13.5	12.6	17.9	20.4
式や言葉のみ	31.9	33.4	20.8	25.8	17.4	11.8	12.8	8.7
その他	6.1	3.5	2.0	0	2.2	0.3	0.3	3.5
無解答，途中	10.9	10.0	5.0	9.7	7.9	6.0	7.6	6.8

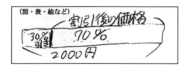

図2-1 テープ図（小6）

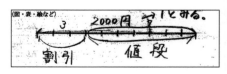

図2-2 線分図（小6）

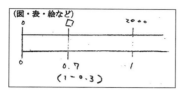
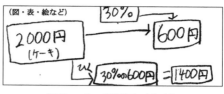

図2-3 複線図（数直線図）（小5）　　図2-4 関係図（小6）

2　Q5の問題とその結果

> 【Q5】　ある会社のサケのかんづめは，今年からは中身の量が20％増量されて180gで売られています。昨年の中身の量は何gでしょうか。求め方と答えを書きなさい。

　Q5は，第3用法（増減型）の理解度をみる文脈有の問題です。
　Q5の解答類型とその反応率は表2-7の通りで，次の点を指摘できます。
ア　正答率は小5～中2では25％程度であり，その後学年進行とともに上昇していくものの，中3でも50％に達していません。第2用法のQ4と比べて第3用法の問題は難しく，特に小中高生でその傾向は顕著です。
イ　正答の中で最も多いのは，小5～中1では180÷1.2や180÷$\frac{120}{100}$などの「わり算」による方法であり，小5，小6いずれも10％台です。一方，中2～高2では，「方程式」による方法が多く，学年進行とともに増加していて，「わり算」による方法は10％にも達しません。学年が進むと「方程式」による方法が増加していくので，小学校での指導において，「わり算」による方法だけに頼らずに，多様な方法によって関係を捉える指導が重要です。
ウ　最も多い誤答は，全学年とも「180×0.8」であり，20％（80％）の基準量を180gと誤って捉えています。基準量を正しく把握することの重要性が示唆されます。

表2－7　Q5の解答類型とその反応率（％）

解答類型	正誤	小5	小6	中1	中2	中3	高1	高2	大
方程式（□を含む）	◎	7.9	8.7	6.3	12.2	33.1	43.0	59.1	54.2
比例式	◎	0.2	0.9	2.4	1.4	2.5	5.5	3.7	6.7
わり算	◎	16.1	12.6	10.9	8.4	4.0	6.3	5.4	18.6
その他（帰一法等）	◎	1.6	3.6	3.5	3.3	5.3	3.4	5.6	0.5
計算ミス	○	0.2	0.2	0	0	0	0	0.2	0.7
180×0.8等		18.8	24.5	37.5	41.6	31.3	24.5	17.0	14.1
180－20		1.4	1.9	1.9	2.4	2.0	0.5	0.2	0.1
180×0.2		14.6	10.8	1.6	2.7	1.5	1.1	0.7	0.2
その他		21.1	17.7	20.9	19.3	14.4	5.0	4.5	2.3
無解答，途中		18.3	19.1	14.9	8.7	5.8	10.8	3.5	2.6
正答率		26.0	26.0	23.1	25.3	44.9	58.2	74.0	80.7

3　Q6の問題とその結果

【Q6】　フィンランドと日本のおよその国土面積は，次の表の通りです。

	フィンランド	日本
国土面積	34（万km^2）	38（万km^2）

　日本の国土面積をもとにするとき，フィンランドの国土面積の割合を求める式を書きなさい。ただし，答えを求める必要はありません。

　Q6は，第1用法（対比型）の理解度をみる文脈有の問題です。
Q6の解答類型とその反応率は表2－8の通りで，次の点を指摘できます。
ア　中1，中2の正答率は，小5，小6より低くなっています。小学生調査

での「もとにする」という表現が，中高生調査では「基準にする」となっていて表現に若干の違いはあるものの，小5と中1で21.2％ポイントもの正答率の差は筆者らの予想に反しています。対比型の問題は2つの量を比較する必然性が低く日常場面で扱う機会が少ないために，定着しにくいと推測されますが，さらに調査する必要があるでしょう。

イ　最も多い誤答は，全学年とも「基準量を逆にした式」を書いているもので，基準量を正しく捉えることができなかったためです。また，それ以上に，「無解答，途中まで」の反応率が高くなっていて，アで述べたように，対比型の問題の把握ができていません。

表2－8　Q6の解答類型とその反応率（%）

解答類型	正誤	小5	小6	中1	中2	中3	高1	高2	大
34÷38等	◎	60.6	54.5	38.3	47.9	50.2	54.3	60.6	70.9
$1:x=38:34,$ $38x=34$等	◎	1.1	0.6	2.2	0	5.1	7.2	10.4	11.0
基準量が逆の式		16.0	15.8	16.8	17.9	13.6	11.3	10.6	9.3
34－38，38－34		0.3	0.4	0.8	0.8	0.5	0.6	0.4	0
その他		5.3	8.3	11.7	12.2	6.6	4.0	3.4	1.7
無解答，途中		16.7	20.4	30.2	21.2	24.0	22.7	14.6	7.1
正答率		61.7	55.1	40.5	47.9	55.3	61.5	71.0	81.9

　以上見てきたように，割合の問題解決における一番のつまずきは基準量の誤った捉え方にあること，問題解決にも様々な考えや方法が関わっていることがわかります。それらを意識して，学習の場で的確に取り上げることが重要であると考えます。

第４節　中～大学生共通問題の結果と傾向

1　Ｑ７の問題とその結果

> 【Ｑ７】　中学校では，全校生徒の30％が自転車通学で，そのうちの60％は男子です。自転車通学をしている男子は，全校生徒の何％ですか。求め方と答えを書きなさい。

　Ｑ７は，「割合の割合（全体部分型）」の理解度をみる問題（以下「全体部分型 PP タイプ」）です。

　Ｑ７の解答類型とその反応率は表２－９の通りで，次の点を指摘できます。

ア　全体部分型 PP タイプの問題は，算数教科書では１社だけが扱い，中学校，高等学校の教科書でも扱っていません。正答率は中１，中２いずれも約40％で，その後は学年進行とともに正答率は上昇し，高２では70％を超え，大学生では80％を超えています。一方で，「無解答，途中まで」が学年進行とともに下降していますが，大学生でも10％を超えています。大学生の感想欄には「割合に表した段階からさらに割合を求めようとすると意味がわからなくなってくる」という記述もあり，これらの大学生は PP タイプの問題を解いた経験がなかったためと推察されます。

イ　正答の中では，どの学年も「割合のみで計算」が最も多かったため，「割合の割合」を考える場合はそれらの積を考えればよいことについて，他の領域の学習経験が割合の深い理解に活きていると考えられます。

ウ　誤答の中では，「$0.3 \div 0.6 = 0.5$，$30 \div 60 = 0.5$ より50％」が，数は少ない

ですが中〜大学生に見られました。他にも「60－30＝30％」「60÷30＝2％」「60＋30＝90％」等の解答が中学生を中心に見られました。これらの解答は，30％と60％の数値を使って，意味もわからず計算したものと考えられます。誤答した生徒・学生に対しては，60％の基準量が自転車通学者数であることを理解させることが重要です。

表2－9　Q7の解答類型とその反応率（％）

解答類型	正誤	中1	中2	中3	高1	高2	大
全校生徒を x 人として計算 （0.3x ×0.6等）	◎	3.0	4.9	14.9	17.4	22.2	19.3
割合のみで計算 （0.3×0.6，30％×0.6等）	◎	30.2	29.1	37.1	40.1	42.9	56.9
全校生徒を100人等として計算	○	5.7	5.2	3.5	4.7	6.9	6.3
上記いずれかの方法で0.18（％）	○	1.6	1.4	2.3	1.8	0.6	0.7
正しい求め方であるが，計算ミス	○	0.3	0.0	0.3	0.6	0.4	0.9
0.3÷0.6＝0.5，30÷60＝0.5 より50％		1.4	3.8	1.8	0.6	1.1	0.6
60－30＝30より30％		0.8	2.2	1.0	0.2	0.4	0.1
60÷30＝2，0.6÷0.3＝2より2％		0.8	0.5	1.8	0.3	0.2	0.2
その他（60＋30＝90％，60÷0.3＝20％，60÷30＝20％等）		25.3	25.8	13.9	9.6	8.8	3.2
無解答，途中		31.0	27.2	23.5	24.7	16.6	11.8
正答率		40.8	40.6	58.1	64.6	73.0	84.1

第2章　小・中・高・大学生の割合の理解の実態　033

2 Q8の問題とその結果

【Q8】 　Ａ動物園における2015 年から2017 年までの年間入場者数を調べました。2016年の入場者数は2015年の入場者数に比べて10％増えています。逆に，2017年の入場者数は2016年の入場者数に比べて10％減っています。2017年の入場者数は，2015年の入場者数と比べるとどうなりましたか。次のア〜ウの中から正しいものを1つ選んで○をつけ，その理由を書きなさい。

　　ア　増えた　　　　イ　変わらない　　　　ウ　減った

　Ｑ8は，「割合の割合（増減型）」の理解度をみる問題（以下「増減型PPタイプ」）です。

　Ｑ8の解答類型と反応率は表２−10の通りで，次の点を指摘できます。

ア　増減型 PP タイプの正答率は，中１〜大学生で21％〜約73％であり，学年進行とともに上昇しているものの全体的に低く，Ｑ7の全体部分型PP タイプよりもＱ8の増減型 PP タイプの方が，生徒にとっては難しいことが推測されます。この種の問題が授業で扱われていないためと考えられます。

イ　正答の中で，「２年前の入場者数を x 人として計算」による説明は，中１では１％にも満たないですが，学年進行とともに増加し，高２では20％を超えて正答の中で最も高い反応率です。「２年前の入場者数を100人等として計算」による説明は，中１でも10％を超えて最も多く，大学生でも25％を超えて最も高い反応率です。なお，Ｑ7では，同じ求め方である「全校生徒を100人等として計算」の反応率が各学年ともＱ8と比べて低いことから，問題によって異なる求め方をしている生徒が少なくないことが読み取れます。

034

ウ　誤答の中では，「イと回答して，10％増で10％減だから」が圧倒的に多く，特に，中1，中2では50％を超え，中3でも40％を超えています。理由の中には「なんとなく」というものも見られ，必ずしも確信をもって答えたわけではない生徒も少なくないと考えられます。誤答した生徒・学生に対しては，10％増と10％減の2つの「10％」の基準量が異なることを理解させることが重要です。

表2−10　Q8の解答類型とその反応率（％）

解答類型	正誤	中1	中2	中3	高1	高2	大
ウと回答し，2年前の入場者数をx人として計算（$1.1x \times 0.9$等）	◎	0.3	4.3	14.4	16.8	23.3	22.5
ウと回答し，割合のみで計算（1.1×0.9, $\frac{110}{100} \times \frac{90}{100}$等）	◎	0.8	0.8	1.8	2.0	3.0	3.8
ウと回答し，言葉により説明	◎	6.3	6.8	4.8	13.6	12.5	20.1
ウと回答し，2年前の入場者数を100人等として計算	○	13.6	12.2	12.9	18.4	22.4	26.7
ウと回答し，意味不明な理由（$\frac{10x}{100} \times \frac{90}{100}$等），理由なし		5.2	9.2	6.3	4.0	3.4	4.0
イと回答し，10％増で10％減だから，その他の理由，理由なし		54.1	53.0	43.7	28.0	21.8	11.0
アと回答し，その他の理由，理由なし		5.2	4.6	4.8	3.8	4.7	4.3
その他（複数を選択等）		0.0	0.3	0.3	0.0	0.0	0.4
無解答，途中		14.7	8.7	11.1	13.4	9.0	7.2
正答率		21.0	24.1	33.9	50.8	61.2	73.1

3 Q9の問題とその結果

【Q9】 Ａ町の全面積に対する森林の面積の割合を調べたら，10年前は50％でしたが，今年は30％でした。10年前の森林の面積を基準にすると，今年の森林の面積は何％減少したでしょうか。求め方と答えを書きなさい。ただし，10年前と今年でＡ町の全面積は変わっていません。

　Ｑ９は，「割合を基にした割合」の理解度をみる問題（以下「P/P タイプ」）です。

　Ｑ９の解答類型とその反応率は表２－11の通りで，次の点を指摘できます。

ア　P/P タイプの問題は，フィンランドの高校の教科書で扱われていますが（第３章参照），日本の算数・数学の教科書で扱われていません。正答率は，中１～高２ で 約15％～42％であり，大学生でも50％未満で，Ｑ４～Ｑ９の問題の中で最も低い結果です。Ｑ９は増減型と全体部分型の混合で P/P タイプの問題ですが，学校での学習経験がなく日常場面でもそれほど登場しないためか，難しい問題であることがわかります。

イ　正答の中で，文字を使った方法（Ａ町の面積を x，10年前の森林面積を x）は，中１では０％でしたが，学年進行とともに上昇し，高２では約14％でした。Ｑ７，Ｑ８と同様に，文字を使った方法は中３から増加し始めることがわかります。また，「その他の正しい方法」で，図２－５のように 50％を 100％に置き換えたときの今年の森林の面積の割合を求めている方法が，どの学年でも見られました。基準となる 50％が100％のちょうど半分であることから，これらの方法が採用されたと考えられます。

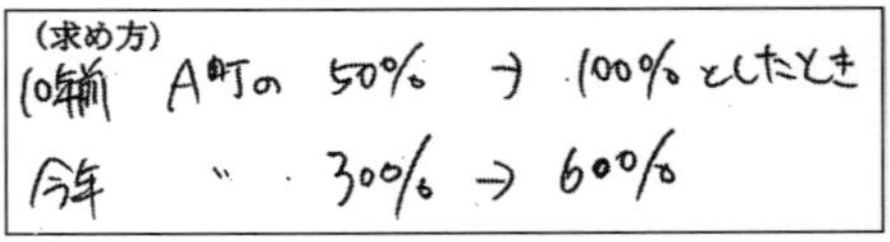

(求め方)
10年前　A町の 50% → 100% としたとき
今年　　 〃　 30% → 60%

図2－5　その他の方法による解答

ウ　誤答の中では，高2まで「50−30＝20％」が最も多く，中1〜3では正答率よりも高く，大学生でも10％を超えています。50％が30％になったことから，単純にひき算をして％ポイントを求めたと考えられます。誤答した生徒・学生に対しては，求める割合の基準量が50％，30％の基準量とは異なることを理解させることが重要です。

表2−11　Q9の解答類型とその反応率（％）

解答類型	正誤	中1	中2	中3	高1	高2	大
A町の面積を x として計算 （$\frac{0.5x-0.3x}{0.5x}$，$(0.5x-0.3x)\div0.5x$ 等）	◎	0	1.9	6.6	9.0	14.2	12.6
割合のみで計算 （$(0.5-0.3)\div0.5$，$\frac{0.5-0.3}{0.5}$ 等）	◎	2.2	2.7	3.8	7.3	10.6	18.2
10年前の森林面積を x として計算 （$2x\times0.3=0.6x$，$x-0.6x=0.4x$）	◎	0	0	0	0.2	0.2	0.6
その他の正しい方法 （$50\times2-30\times2$，$(50-30)\times2$ 他）	◎	12.0	11.1	10.4	12.2	13.1	9.7
A町の面積を100m^{2}として計算	○	0.3	0.5	1.8	3.5	3.5	2.8
今年の森林率を計算して60％ （$\frac{3}{5}$，$30\div50$等）		11.1	10.3	9.6	11.0	10.6	15.6
50−30＝20より20％		26.4	34.2	26.8	14.5	17.4	12.2
0.5×0.3＝0.15より15％		2.7	3.3	3.8	3.0	3.2	3.6
その他（$50\div30=\frac{5}{3}$％，$50+30=$80％等）		12.5	11.4	10.4	7.3	6.5	6.3
無解答，途中まで		32.9	24.5	27.0	32.0	20.7	18.4
正答率		14.5	16.2	22.6	32.2	41.6	43.9

　以上見てきたように，PPタイプやP/Pタイプの問題の正答率は高くないこと，誤答の大きな要因は基準量を正しく把握していないこと等がわかります。割合の深い理解のためには，基準量が何かを意識して，PPタイプやP/Pタイプの問題を積極的に扱っていくことが重要であると考えます。

第2章　小・中・高・大学生の割合の理解の実態　037

コラム

フィンランドの中学生の割合の理解の実態は？

　本章では，日本の小学生から大学生までの割合の理解の実態を明らかにしましたが，フィンランドの場合はどうでしょうか。

　そこで，本章で述べた中・高・大学生調査（Q4～Q9）と同じ問題を，フィンランドの中学生（中1・286名，中2・500名，中3・326名）を対象に，2019年春に実施しました。その結果は，次の表2－12の通りです。

表2－12　フィンランドと日本の調査結果

学年	国	Q4	Q5	Q6	Q7	Q8	Q9
中1	F	52.8	16.8	12.6	33.2	18.2	3.1
	J	72.3	23.1	38.1	33.2	26.2	14.2
中2	F	73.0	25.2	50.8	43.4	33.4	13.8
	J	73.9	25.3	47.3	34.0	33.3	15.7
中3	F	77.0	25.5	62.9	50.9	35.6	13.8
	J	80.6	44.9	54.3	52.0	40.2	20.8

　表中のFはフィンランド，Jは日本の中学生の結果です。ただし，正答率は，2節，3節とは異なる基準です。これを見ると，第3用法（Q5）や増減型PPタイプ（Q8），P/Pタイプ（Q9）は，日本の中学生と同じように，中3でも50%に満たないことがわかります。また，中1から中3にかけて，両国ともほとんどの問題は学年進行とともに正答率が上昇していますが，特にフィンランドの場合は，中1から中2にかけて正答率の大幅な上昇がみられます。これは，はじめて割合を学ぶ小6時は割合の意味を扱うのみであるのに対して，中2で第1～3用法の問題を本格的に学習するからと考えられます。日本同様に，スパイラルに学習する必要があることが示唆されます。

理論編

第3章
フィンランドの割合指導

第1節　カリキュラム

1　カリキュラムにおける割合（パーセント）の扱い

　「はじめに」でも述べたように，フィンランドでは，小学校に加えて，中学校，高等学校でも単元を設けて，割合（パーセント）の内容を扱っています。カリキュラム上でも，基礎教育（小学校＋中学校）においては3－6年と7－9年（中1－3）に，後期中等教育（高等学校）においては文理共通必修科目の中に，パーセントの内容が位置づけられています（基礎教育カリキュラム2014，高等学校カリキュラム2015）。実際，このカリキュラムに基づいて作成されたSanoma Pro社発行の教科書[1]における割合の単元（パーセント）の扱いは，表3－1の通りです。

表3－1　フィンランドの教科書におけるパーセントの扱い

学校	学年・科目名	単元名	総ページ数
総合制学校 （小・中学校）	5年B	パーセントと計算	20p
	8年（中2）	パーセント	52p
高等学校	数と数列	パーセント	23p

　ちなみに，フィンランドの教育制度は日本と類似していて，基礎教育（9年間）を行う「総合制学校」が日本の小学校と中学校に相当し，日本と同様に基礎教育9年間が義務教育です。また，後期中等教育（3年間）を行う高等学校は，日本の高等学校（普通科）に相当します（熊倉，2013）（2021年より義務教育は12年間に改定）。以下では，日本の教育制度に合わせて総合制学校の前半6年間を小学校，後半3年間を中学校と呼ぶことにします。

2 教科書でのパーセントの単元構成

学校段階における教科書[1]でのパーセントの単元構成は下表の通りです。

表3-2 教科書におけるパーセントの単元構成（熊倉，2022）

小5	パーセントと計算	・パーセントの概念 ・パーセントの値 ・分数からパーセントへの変換	・一般的なパーセント ・演習 ・プロジェクト問題
中2	パーセント	・パーセント ・$p\%$ に相当する量は？ ・何％か？ ・変化量のパーセント ・比較のパーセント ・％ポイント ・テーマ：人間と天然資源 ・復習 ・基準量の計算	・利息 ・パーミル ・テーマ：アルコールと交通 ・溶液と混合 ・テーマ：税金 ・テーマ：家計 ・テーマ：将来の進路は？ ・復習
高	パーセント	・パーセント 　基本 　変化と比較のパーセント 　％ポイント 　演習	・パーセントの変化 　変化量を求める 　パーセントと方程式 　演習

　第2節以降では，学校段階における教科書[1]で扱っている特徴的な問題を取り上げて，フィンランドの割合指導の具体を述べます。

1）算数教科書：Milli 5B, Sanoma Pro 社，2020，pp.172-215.
　中学数学教科書：KUUTIO 8, Sanoma Pro 社，2017，pp.119-172.
　高校数学教科書：TEKIJÄ 1 Luvut ja lukujonot, Sanoma Pro 社，2017，pp.73-96.

第2節　小学校での割合指導

1 「パーセントの概念」の問題

（例）　図が塗られている部分を分数，小数，パーセントで表しなさい。

①解答

（左から）　$\frac{1}{100} = 0.01 = 1\%$，$\frac{20}{100} = 0.20 = 20\%$，$\frac{50}{100} = 0.50 = 50\%$

$\frac{100}{100} = 1.00 = 100\%$

②問題の特徴

冒頭で，百分率を「1パーセントは$\frac{1}{100}$である」と定義し，記号％を「$1\% = \frac{1}{100} = 0.01$」と導入したうえでの最初の問題です。10×10マス図を使ってパーセントの概念を小数，分数と関連付けて視覚的に理解していきます。

2 「パーセントの値」の問題

（例）　320ユーロを100％とするとき，1％，10％，20％，30％は何ユーロになりますか。

①解答
　まず1％に相当する額を求め，次にその額を10倍して10％に相当する額を，さらに10％に相当する額を2倍，3倍して20％，30％に相当する額をそれぞれ求めます。
　1％…$\frac{320€}{100}$ = 3.2€，10％…3.2€ × 10 = 32€，20％…32€ × 2 = 64€，
　30％…32€ × 3 = 96€

②問題の特徴
　1％分を求め，それをもとに比例的推論によって他の百分率を計算する「帰一法」の問題です。日本の教科書では，基準量×割合＝比較量によって求める第2用法の問題に相当しますが，ここでは，あくまでも1％あたりを求める問題として位置づけられています。20％の金額を求める際には，10％の2倍と考える以外にも，1％の20倍と考えることもできます。

3 「分数からパーセントへの変換」の問題（特別な場合）

（例）　白いブロックは何％ですか。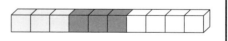

①解答
　白いブロックの割合を分数で表し，パーセントに変換します。
　$\frac{4}{10} = \frac{40}{100} = 40\%$

②問題の特徴
　全体の中に占める白いブロックの割合を分数で表現し，その分数をパーセントに変換する問題です。他にも，次ページの図のように，長方形を20等分した図や，円を4等分した図で，色が塗られた部分の割合をパーセントで表す問題があります。ここで扱うパーセントは，「$\frac{1}{5} = 20\%$」「$\frac{1}{4} = 25\%$」「$\frac{2}{5} = 40\%$」「$\frac{3}{4} = 75\%$」など，簡単な分数で表すことのできるものを扱って

いる点が特徴的です。

4 「一般的なパーセント」の問題

【問題1】 赤（濃）色と青（淡）色の図形の割合を答えなさい。

a b  c

①解答

a　赤（濃）色…$\frac{1}{4}=\frac{25}{100}=25\%$，青（淡）色…$\frac{3}{4}=\frac{75}{100}=75\%$

b　赤（濃）色…$\frac{5}{10}=\frac{50}{100}=50\%$，青（淡）色…$\frac{5}{10}=\frac{50}{100}=50\%$

c　赤（濃）色…$\frac{1}{5}=\frac{20}{100}=20\%$，青（淡）色…$\frac{4}{5}=\frac{80}{100}=80\%$

②問題の特徴

　ここでも，パーセントの数値は特別な場合のみ（10％，20％，25％，50％，75％）を重点的に扱っています。これは，1（100％）を10等分，5等分，4等分，2等分した割合（75％は，4等分した3つ分）です。また，他にも，分数と面積図に加えて「半分」「全体」「4分の1」「5分の1」などの言葉と関連付ける問題もあります。このように，分数とパーセント，面積図を関連付けた学びが期待されていることがわかります。

5 「プロジェクト問題」の問題

> 単語の条件を決めて，そのルールにあてはまる単語を探しましょう。

①解答

例えば，次のようなルールが考えられます。

- $50\%\left(\dfrac{1}{2}\right)$ が母音（例 JALO, FRIIDA）（人名：ヤロ，フリーダ）
- $60\%\left(\dfrac{3}{5}\right)$ が子音（例 SUKKA）（靴下）
- $50\%\left(\dfrac{1}{2}\right)$ が文字のE（例 EEMELI）（人名：エーメリ）
- $25\%\left(\dfrac{1}{4}\right)$ が文字のA（例 AMERIKKA）（アメリカ）

②問題の特徴

これは，各章の単元末に設定されているプロジェクト問題の1つです。学んだパーセントを生かして，子どもが自由にルールを定めて，単語を探す問題です。ゲームやクイズ形式で，子ども同士が問題を出し合ったりすることを通して，楽しみながらパーセントを学ぶことが期待できます。

以上見てきたように，フィンランドの小学校の割合指導の特徴について，日本の割合指導と比べて，次の点をあげることができます。

ア　公式を用いた第1〜第3用法は扱わない。基準量と簡単なパーセントから，帰一法により比較量を求めたり，面積図から簡単なパーセントを求めたりする問題を扱っている程度である。

イ　パーセントを小数，分数，面積図と関連付け，視覚的に％の量感を豊かにする問題を多く扱っている。

ウ　Aに対して，Aでない割合（余事象）を扱っている（4の問題1参照）。

エ　問題場面は「全体部分型」のみである。

第3章　フィンランドの割合指導　045

第3節　中学校での割合指導

1 「%ポイント」の問題

> （例2）　生徒会選挙で，学生党IOPは，昨年の得票率が20%，今年の得票率が26%でした。
> a）得票率は何%ポイント増加しましたか。
> b）得票率は何%増加しましたか。

①解答
　a）　26 − 20 = 6 %ポイント　　　b）　$\frac{6}{20} = 0.3 = 30\%$

②問題の特徴
　a）では，基準量が異なる2つの%の差であり，%ポイントが使われています。b）はP/P問題（%を%でわる問題）で，日本ではあまり見られません。
　この問題a）とb）のように，%ポイントの問題とP/P問題がセットになっている問題が少なくありません。

2 「基準量の計算」の問題

> 【問題3】　図は，正方形全体の40%を示しています。
> 正方形全体をかきなさい。（レベル1）
> 【問題4】　空気中には21%の酸素が含まれています。
> 168Lの酸素を含む空気の体積を求めなさい。（レベル1）

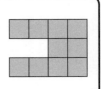

①解答

問題3　全体のマス目を x 枚とすると，$0.4x = 10$，$x = 25$（5×5 の正方形）。

問題4　求める体積を x L とすると，$0.21x = 168$，$x = 800$（L）

②問題の特徴

29問ある問題の前に，基準量の求め方（第3用法）が簡単に説明され，続いて例で「30%引きで販売のローラースケートを105€ で購入したときの原価」の求め方を，方程式を使う方法と帰一法によって解説しています。

問題はレベル1（基本）〜レベル4（難問）の4段階に分けられますが，全問題への取組は前提とせず，レベル4は巻末の補充問題にあるだけです。

問題3のように図形の面積を題材としたり，問題4のように理科の内容を題材としたりするなど，日本の教科書にはない多様な題材が多く存在します。

3 「パーミル（千分率）」の問題

> （例2）　20€ に対する5セントは，何‰ですか。
>
> 【問題18】　2014年のオーランド諸島の人口は28916人で，フィンランドの人口は5471753人でした。オーランド諸島の人口は，フィンランド全体の人口の何‰に相当しますか。（レベル1）

①解答

（例2）　5セント $= 0.05€$ だから，$\dfrac{0.05}{20} = 0.0025 = 2.5‰$

問題18　$\dfrac{28916}{5471753} \fallingdotseq 0.0053 = 5.3‰$

②問題の特徴

はじめにパーミルの定義として，$1‰ = \dfrac{1}{1000} = 0.001$ が示されています。

パーミルは，1%よりも小さい数を表す割合の表現として，問題18や指輪の金の含有比率に関する場面で有用です。問題18は全22問中の1問で，レベル1として位置づけられ，パーミルの積極的な使用が重視されています。

第3章　フィンランドの割合指導　047

4 「溶液と混合」に関する問題

> （例2） 120mL の濃縮ジュースを500mL の水で薄めました。このジュースの果汁含有量の体積%濃度を求めなさい。
>
> 【問題16】 マルジュット氏は，20g の塩を重量%濃度15%の食塩水250gに加えました。新しい溶液の重量%濃度を求めなさい。（レベル2）

①解答

（例2） $\dfrac{120}{500+120} \fallingdotseq 0.19 = 19\%$

問題16 $\dfrac{250 \times 0.15 + 20}{250 + 20} \fallingdotseq 0.21 = 21\%$

②問題の特徴

中学校段階で，このような濃度の問題を解決することが期待されています。

5 「テーマ：将来の進路は？」の構成

表1　2015年度春期進路別の募集数と応募者数

進路先	募集数	応募者数
高校	40426	33366
人文・教育分野	721	1039
文化分野	3004	4024
〜〜〜〜	〜〜〜〜	〜〜〜〜
自然資源・環境分野	2701	2271
社会・健康・スポーツ分野	8101	11327
旅行・栄養・家政分野	5938	3800
合計	87502	79841

【問題2】 a）どの分野に合格するのが最も難しいですか。（レベル1）

b) その分野の応募者数は，募集数より何％多いですか。(レベル１)

【問題６】　募集数は，応募者数より何％多いですか。(レベル１)

【問題８】　ヨーセが入学を希望する高校は評定平均値が8.5必要です。ヨーセは，秋学期の評定平均値が10％上昇しました。高校に入学するには，次の春学期の評定平均値をさらに９％上昇させなければなりません。秋学期以前のヨーセの評定平均値はいくつでしたか。(レベル２)

① 解答

問題２　a）人文・教育分野（倍率 $\frac{1039}{721} \fallingdotseq 1.441 = 144.1\%$ が最も高い）

　　　　b）$\frac{1039}{721} - 1 \fallingdotseq 0.44 = 44\%$

問題６　$\frac{87502}{79841} - 1 \fallingdotseq 0.096 = 9.6\%$

問題８　求める評定平均値を x とすると，$x \times 1.1 \times 1.09 = 8.5$ より $x \fallingdotseq 7.1$

② 問題の特徴

　「将来の進路は？」というテーマ設定で，表１の進路別の募集数・応募者数や，表２（略）の大学学部別の受験者数・合格者数等，実際のデータをもとに問題が構成され，日常的な場面での問題解決が関連付けて扱われます。解決に当たっては，学習してきた内容が様々な形で利用されます。例えば全８問中，問題２は募集数を基準量とし，問題６は応募者数を基準量としています。問題８は，PP タイプの問題を方程式を使って解決しています。

　以上見てきたように，フィンランドの中学校の割合指導の特徴について，日本の割合指導と比べて，次の点をあげることができます。

　ア　日常事象のテーマに関連付けた問題を多々扱っている。

　イ　濃度の問題（混合型）を積極的に取り扱っている。

　ウ　「％ポイント」や「P/P タイプの問題」，「パーミル」を扱っている。

また，ここでは具体的には紹介できませんでしたが，次の点も特徴的です。

　エ　第２用法→第１用法→第３用法の順に学習を進めている。

第３章　フィンランドの割合指導　049

第4節　高等学校での割合指導

1 「パーセントの変化」(変化量を求める) の問題—PP タイプ

> (例1)　航空会社が航空券を年のはじめに35%値下げし，さらに夏に20%値下げしました。11月には燃料費高騰のため，30%値上げしなければなりませんでした。航空券代は，年のはじめは130ユーロだとすると，航空券を12月に購入する場合はいくら支払えばよいですか。

①解答

$130 \times (1 - 0.35) \times (1 - 0.2) \times (1 + 0.3) = 87.88$ （ユーロ）

②問題の特徴

　第1節 (パーセント) は「(パーセントの) 基本」「変化と比較のパーセント」「パーセントポイント」であり，中学校までに扱ってきた内容です。

　この問題 (例1) は，第2節 (パーセントの変化) の最初の例で，割合の割合を考える問題 (増減型 PP タイプ) です。航空券は繁忙期や閑散期など価格が常に変動しており，社会的な場面での問題解決が関連付けて扱われています。割合が減少するだけでなく，増加する場合もあることを理解する問題です。中学校で第2用法 (基準量×割合＝比較量) を学習しているため，ここでは，$130 \times 0.65 = \bigcirc$，$\bigcirc \times 0.8 = \triangle$，$\triangle \times 1.3 = \square$という3つの式を1つの式にまとめるという活動を通して，PP タイプの問題に関する理解を深めることができます。

050

2 「パーセントの変化」（変化量を求める）の問題—P/P タイプ

> （例３）　あるパン屋では，ロールパンについて，体積を8.0%大きくして価格は15.0%値上げすることにしました。１kg あたりの価格は何%変化しましたか。

①解答

体積増量前のパンの重さを a kg，価格を b € とすると，体積増量前の１kg あたりの価格は，$b \div a = \dfrac{b}{a}$（€/kg）

増量後のパンの重さは $a \times (1 + 0.08)$，価格は $b \times (1 + 0.15)$ だから，１kg あたりの価格は，$1.15b \div 1.08a = \dfrac{1.15b}{1.08a}$（€/kg）

したがって，$\dfrac{1.15b}{1.08a} \div \dfrac{b}{a} - 1 \doteqdot 0.065 = 6.5$（%増加）

②問題の特徴

例３のこの問題で始めて割合をもとにした割合の問題（P/P タイプ）が取り上げられています。このパン屋でロールパンを買う場面で，「価格は上がったのか下がったのか」を考えることは大切であり，社会的な場面での問題解決が関連付けて扱われています。

3 「パーセントの変化」（パーセントと方程式）の問題

> （例５）　レーズンは，葡萄に含まれる水分を蒸発させて製造します。葡萄は乾燥前に82%の水分を含んでいて，レーズンは20%の水分を含んでいます。葡萄の何%の水分を蒸発させるとレーズンができますか。

第３章　フィンランドの割合指導　051

①解答

葡萄の重さを a，できたレーズンの重さを b とすると，水分以外の重さは同じだから，

$$(1-0.82)a = (1-0.2)b, \quad b = \frac{0.18a}{0.8} = 0.225a,$$

$$1 - \frac{b}{a} = 1 - 0.225 = 0.775 = 77.5 \ (\%)$$

②問題の特徴

全体部分型で，割合をもとにした割合の問題（P/P タイプ）であり，方程式を活用して解く問題です。製造業者にとって水分のコントロールはとても大切であり，社会的な場面での問題解決が関連付けて扱われています。2つの文字を使って2元1次方程式を立式して解く必要があり，難しい問題です。

4 「パーセントの変化」（演習）の問題—基本問題

【基本問題166】　ジュースパックのブルーベリージュースの質量は，900g です。ジュースの糖度は，最初8.5%でした。製造者は，ジュースの糖含量をまず20%減らし，さらに18%減らしました。減少後のブルーベリージュースの糖含量は何 g ですか。

①解答

ブルーベリージュース900 g に含まれている糖の量は，

$900 \times 0.085 = 76.5$ （g）

最初に20%減らし，さらに18%減らしたから，残っている糖の量は，

$76.5 \times (1-0.2) \times (1-0.18) = 50.184$ （g）

②問題の特徴

各節の後ろに，基本問題と発展問題からなる演習問題があり，例と関連付けた問題が，例と同じ順序で掲載されています。電卓使用可のマークや，関

052

連するビデオ教材がある場合にマークがついています。

　取り上げた166番は，増減型 PP タイプの問題のうち，減少してさらに減少する問題です。ジュースは身近に存在するものであり，糖質の量が気になる場合に関心のもてる問題と言えるでしょう。

5 「パーセントの変化」（演習）の問題─発展問題

【発展問題179】　泥炭は水分を60％含んでいます。蒸発したら，水分含有量が20％となりました。泥炭の容量は，何％減少しましたか。

①解答

　泥炭 xg，蒸発後の水分を yg とすると，$(0.4x + y) \times 0.2 = y$ より，$y = 0.1x$

　よって，　$1 - (0.4x + 0.1x) \div x = 0.5 = 50$（％減少）

②問題の特徴

　この問題は，60％の基準量と20％の基準量が異なり，２つの文字を使って解決する難しい問題です。

　以上見てきたように，フィンランドの高等学校の割合指導の特徴について，日本の割合指導と比べて，次の点を挙げることができます。

ア　PP タイプ，P/P タイプの問題を扱っている。

イ　社会と関連付けた問題を多々扱っている。

ウ　方程式を活用して解く複雑な問題を扱っている。

　アは，中学校に引き続き学習する問題を扱っていて，スパイラル的な位置づけになっています。ウは，２元１次方程式をつくる必要のある問題を扱っています。いずれも日本の高等学校の教科書では見かけない問題です。

第３章　フィンランドの割合指導　053

コラム

割合の問題解決に用いる図―海外では？

　割合の問題解決に用いる図表として，日本の算数教科書では数直線図や4マス関係表，関係図，線分図が見られますが，海外ではどうでしょうか。
　例えば，次のようにいろいろな図が使われていることがわかります（熊倉他，2021）。

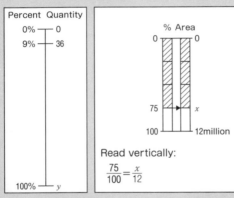

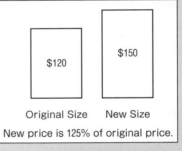

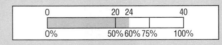

　アやウは，直線あるいはテープ図の一方に基準量や比較量の情報を，他方に割合の情報を示していて，日本の数直線図に近いと言えるでしょう。
　一方，イは一方に基準量，他方に比較量の情報を示しています。

理論編

第4章
小・中・高を一貫する割合の体系的指導

第１節　割合の体系的指導の概要

1　体系的指導の学習目標

　この節では，第１～３章の分析結果を踏まえ，小４以降における小・中・高を一貫する割合の体系的指導を提案します（熊倉他，2024）。割合の体系的カリキュラムとして，第３章で述べたフィンランドのように，小６以降で割合に関する単元を新たに設けることも考えられますが，今回の提案は，学習指導要領（平成29・30年告示）の内容は変更しないことを前提に，関連する既存の単元の中で，意図的に割合指導を位置づけていくものとします。また，小１～小３でも，「任意単位による測定」「分数」「乗法・除法における倍」を始めとして，割合の素地指導に相当する内容を扱っていますが，本書ではあくまでも小４以降に焦点を当てることとします。

　まず，大枠の学習目標として，次の２つを設けます。

【目標A】　割合についての基本的な理解（小４～中１）
割合の意味とよさを理解し，第１～第３用法等の割合に関する基本的な問題を解決する力を身につける。

【目標B】　割合についての深い理解（中２～高校）
割合についての基本的な理解を一層深め，PP タイプや P/P タイプ等の問題を理解し，これらの問題解決を含め，割合を活用した様々な問題を解決する力を伸ばす。

　次に，２つの目標それぞれについて，「概念の理解」と「問題解決（活

用)」に分けて，さらに小さい目標を定めます。

「概念の理解」の小目標は，次にあげる通りです。

【目標A】基本的な理解

・割合の意味を理解する。

・割合で表すことや割合を比較することのよさを理解する。

・割合と基準量，比較量の関係を理解する。

・割合を表す表現として，百分率や歩合の意味を理解する。

・割合は全体部分型，増減型，対比型の文脈で活用されることを理解する。

・確率や相対度数は割合であることを理解する。

【目標B】深い理解

・割合×割合は，割合の割合を示すことを理解する。

・基準量が異なる2つの量の割合は，加減不可であることを理解する。

・2つの量を混合するとき，それらの割合は加えないことを理解する。

・割合／割合は，割合をもとにした割合を示すことを理解する。

・P/Pタイプと％ポイントとの違いを理解する。

・パーセント（％）以外に，パーミル（‰）等の単位があることを理解する。

・割合が様々な問題解決に活用できるよさを理解する。

　上記の学習目標を，各学校段階・学年に位置づけて体系的に学習を進め，割合の概念を理解することを目指します。

　また，「問題解決（活用）」の小目標は，「概念の理解」と関連付けて，次に挙げるような問題が解決できることを目指します。

【目標A】基本的な理解

・第1〜第3用法の問題の解決

・全体部分型，増減型，対比型の問題の解決

【目標B】深い理解

・PPタイプ，P/Pタイプの問題の解決

・混合タイプ，％ポイント，パーミルの問題の解決

・割合を用いた様々な問題の解決

第4章　小・中・高を一貫する割合の体系的指導　057

2 体系的指導の概要

1項で述べた学習目標を学校種・学年別に整理すると表4−1の通りです。

表4−1　割合指導の体系的指導

学年	目標 A・B	概念の理解	問題解決（活用）
小4		・割合は，基準量の何（整数）倍が比較量になるかを表す数である。 ・「基準量×割合＝比較量」となる。	・整数倍の第2用法の問題を解く。 ・整数倍の第1用法の問題を解く。
		・割合を比べるよさがある。	・整数倍の割合を比較する。
小5	A 基本的な理解	・割合は，基準量を1とみると比較量がいくつに相当するかを表す数である。（割合の見方）	・小数倍の第2用法の問題を解く。 ・小数倍の第1用法の問題を解く。
		・％や割は，基準量を100や10とみると比較量がいくつに相当するかを表す数である。 ・％や割の大きさを（小数や分数に変換し）把握する。	・％や割の第2用法の問題を解く。 ・％や割の第1用法の問題を解く。 ・％や割の第3用法の問題の解き方を知る。
		・割合は，全体量の一部分の量を表すのに使う。 ・割合は，基準量の増加量・減少量を表すのに使う。	・全体部分型の問題を解く。 ・増減型の問題を解く。
		・割合を比べることで，問題を解決できるよさがある。	・％や割の割合を比較して，問題を解決する。
小6		・$a:b$は，一方の量をaとみると他方の量がbに相当する2つの量の関係を表す。	・比を使って，第1〜第3用法の問題を解く。
		・$a:b$の比の値は，bを基準としたときのaの割合を表す。	・分数倍の第2・第3用法の問題を解く。

中1	A 基本的な理解	・「基準量×割合＝比較量」が基本である。	・第3用法の問題を，方程式や比例式を使って解く。
		・割合は，2つの量の一方を基準量にしたときの他方の量を表すのに使う。	・対比型の問題を解く。
		・階級Aの相対度数は，全度数を基準量とするときのAの度数の割合を表す。	・相対度数を求めて比較する。
		・事象Aの確率は，全事象の場合の数を基準量とするときのAの場合の数の割合を表す。	・確率を求めて比較する。
中2・中3	B 深い理解	・割合×割合は，割合の割合を示す。 ・基準量が異なる2つの量の割合は，加減不可である。	・PPタイプの問題を解く。
		・2つの量を混合するとき，それらの割合は加えない。	・混合タイプの問題を解く。
		・割合を比べることで，問題解決に活用できるよさがある。	・文字式を使って割合を比較して，問題を解決する。
高		・割合／割合は，割合をもとにした割合を示す。	・P/Pタイプの問題を解く。
		・P/Pタイプと％ポイントとの違いを理解する。	・％ポイントの問題を解く。
		・‰は，基準量を1000とみると比較量がいくつに相当するかを表す数である。	・‰の問題を解く。
		・割合は，生活の様々な場面で活用されている。	・2次元表や複利計算などの様々な割合の問題を解決する。

次節では，割合の体系的指導の具体について述べます。

第2節　割合の体系的指導の具体

1　基本的な理解を目指した体系的指導の具体

(1)百分率，歩合の指導の具体（小5）

　百分率，歩合の指導では，小数だけではなく，次のように分数と関連付けることも，理解を深めるうえで重要です。

$1\% = 0.01 = \frac{1}{100}$　→　1を100等分した1つ分

$1割 = 0.1 = \frac{1}{10}$　→　1を10等分した1つ分

　特に，10％や20％，25％，50％等の特別な百分率を分数で表すことについて扱うことは後の学習につながります。例えば，次のような小数で表された割合を，分数や百分率，歩合で表す活動が考えられます。

割合（小数）	1	0.5	0.25	0.2	0.1
割合（分数）	1				
百分率	100%				
歩合	10割				

　あわせて，右図のような10×10マス図などを活用して，百分率の大きさを表すことは，百分率の量感を把握するうえで有効です。

45%

(2)割合のよさの指導の具体（小4・5）

　第1章で述べたように，割合のよさは次の2点にあります。

ア　基準量に対する比較量の相対的な大きさを把握する。

イ　新たな指標を用いて，2つの数量の関係と，別の2つの数量の関係を比較する。

　小4，小5の割合の導入場面では，すべての教科書で，よさイに直接関わる問題を扱っていますが，活用場面ではこのような問題を扱っていません。また，よさアに関わる記述は意外と教科書で触れられていません。よさアやイを理解するためにも，指導の中でよさに関わる活動を行うことが重要です。例えば，百分率の活用場面で，次のような問題を扱うことが考えられます。

列車A，Bの乗車定員とある日の乗車数は次の通りでした。

(1) どちらが混雑していたと言えるでしょうか。

　　列車A　乗車定員800人　乗車数560人

　　列車B　乗車定員700人　乗車数525人

(2) 割合（百分率）のよさはどこにあると思いますか。

---

(3)第1〜3用法の指導の具体（小4・5〜中1）

　第1章で述べたように，割合は「倍」の考えと関連していて，（基準量）×（割合）＝（比較量）の式に直結します。第2章で述べたように，第2用法が第1用法と比べて易しいことを踏まえると，第2用法を導入時に扱うことは有効です。例えば，小4の導入場面において，第1用法と合わせて，第2用法の問題を扱うことが考えられます（第5章1節参照）。

　また，第3用法については，第2章で述べたように，第1，2用法に比べて極端に難しいため，小5では解き方を知る程度とし，小6以降でスパイラルに扱っていくことを通して，徐々に理解が深まり問題が解けるようにする

ことが重要です。例えば，中１の１次方程式の活用場面で，全国学力・学習状況調査の問題（国立教育政策研究所，2015）を扱うことが考えられます。

> せんざいを買います。家で使っているせんざいが，20%増量して売られていました。増量後のせんざいの量は480mL です。増量前のせんざいの量は何 mL ですか。
>
> （平成27年度調査・算数Ｂ②(2)）

この問題を，１次方程式や比例式を用いて解決します。この際，典型的な誤答480×（1－0.2）を取り上げ，なぜこの考えは誤りか（20%の基準量が誤り）を議論することを通して，割合の理解を深めることが重要です。

(4)全体部分型・増減型・対比型の指導の具体（小４〜中１）

第２章の結果から，全体部分型，増減型，対比型の順に難しいことが推測されるため，小４では増減型を扱い（整数倍の割合で全体部分型は扱わないため），小５ではまず全体部分型を，続いて増減型を扱うことが望ましいと考えます。対比型は，例えば中１の１次方程式の活用場面で，次のような問題（第３用法・対比型）を扱うことが考えられます。

> A県の人口は約350万人であり，これはＢ県の人口の約70%です。Ｂ県の人口はおよそ何人でしょうか。

これらの問題を扱う際，様々な文脈があることに触れることも大切です。

(5)分数倍の割合の指導の具体（小６）

小６では「分数の乗除」を扱いますが，ここで割合（%）の問題を扱っている教科書は少数です。しかし，分数の乗除を学習後に，分数倍を使って割合の問題を解決する方法を扱うことは重要です。例えば，次のような問題（第３用法・増減型）を扱うことが考えられます。

062

> ある商品が定価の25%引きで販売されていて，価格は1200円でした。
> 定価はいくらですか。

　この問題は，小5で学んだ方法で，□×(1−0.25)=1200から，1200÷0.75
=1600円と求めることができます。一方，25%=$\frac{1}{4}$であることを用いると，
分数の乗除を使って，□×$\left(1-\frac{1}{4}\right)$=1200から，1200÷$\frac{3}{4}$=1600円と求める
こともできます。この問題解決を通して，小5での学習を振り返ることで，
割合の理解を深めることが期待できます。

(6)比の指導の具体（小6）

　小6では「比」を学習しますが，この指導場面では，割合との関係として，
次の2点を指導することが重要です。
ア　$a:b$の比の値$\frac{a}{b}$は，bを基準量としたときの比較量aの割合を表す。
イ　$a:b$は，一方の量をaとみたとき他方の量はbに当たることを表す。
　特にイは，「基準量を1とみると比較量は～に当たる」という割合の見方
の拡張であり，関連付けて理解することで，割合の理解を深めることが期待
できます。また，比の活用場面では，例えば，小5で扱ったような割合の問
題を扱うことが考えられます（第5章4節参照）。

(7)相対度数・確率での指導の具体（中1）

　中1で，相対度数と確率を扱いますが，いずれもこれまで学習してきた割
合の1つであることを指導することが重要です。例えば，階級Aの相対度数
は，全階級の度数の合計を基準量とするときの階級Aの度数の割合を，また
事象Aの確率は，全事象の場合の数を基準量とするときの事象Aの場合の数
の割合を表していることを強調することが大切です。また，特に相対度数を
扱う際には，なぜ度数のままではなく，相対度数にする必要があるかを考え
ることで，割合のよさを理解することにつながるでしょう。

第4章　小・中・高を一貫する割合の体系的指導　063

2 深い理解を目指した体系的指導の具体

(1)PP タイプの指導の具体（中2・3，高）

　中2の「文字を用いた式」の活用場面では，例えば買い物の場面で「40%引き」と「30%引きでさらに10%引き」のどちらが得かを考える問題を扱うことが考えられます（第6章3節参照）。解決に際して，割合同士を加えて「どちらも同じ」とする生徒の考えを取り上げて，30%と10%の基準量が異なり，加えられないことに気づかせることが重要です。中3の「簡単な多項式」の活用場面でも，類似の問題を扱うことが考えられます（第6章5節参照）。また，中2の「連立方程式」の活用場面では，次のような問題を扱うことが考えられます（沢田，2019）。

> 　昨年度の中学校の生徒数は男女合計で175人，今年度の生徒数は昨年度に比べて男子が10%減少，女子が20%増加しました。来年度の生徒数は今年度に比べて男子が10%増加，女子が20%減少して，男女合計171人になる予定です。昨年度の男女の生徒数をそれぞれ求めなさい。

　問題の解決に際し，「10%減少→10%増加」「20%増加→20%減少」なので，「昨年度と来年度で生徒数は変わらない」とする生徒の考えを取り上げ，「10%」や「20%」の基準量が異なることに気づかせることが重要です。
　さらには，高校数学Ⅱの「指数関数」や数学Bの「数列」で，複利計算の問題を扱うことを通して，割合の深い理解を促進することも期待できます。

(2)P/P タイプ，%ポイントの指導の具体（高）

　高校数学Ⅰの「データの分析」の活用場面で，例えば相対度数に着目して，「昨年度は25%，今年度は15%だから，昨年度に比べて10%減少」という表

現の正誤を問う問題を扱うことが考えられます（第7章1節参照）。問題の解決に際しては，基準量が何かを明確にすることを通して，割合の理解を深めることが重要です。合わせて「％ポイント」の意味と活用にも触れ，P/Pタイプの問題と％ポイントの問題の違いを指導することが大切です。

(3)パーミルの指導の具体（高）

　パーミル（‰）は，日常生活でパーセント（％）程に使われていませんが，鉄道線路やトンネルの勾配を表すのに使われています。そこで例えば，高校数学Ⅰ「三角比」の活用場面で，次のような問題を扱うことが考えられます。

> 　水平距離1500m のトンネルがあり，勾配が5‰で直線的に設計されています。このトンネルの平均傾斜角度と高低差を求めなさい。

　平均傾斜角度をθとすると，$\tan\theta = 0.005$だから，$\theta \fallingdotseq 0.287$度です。また，高低差は$1500 \times \tan\theta = 7.5$mとなります。問題文中の「勾配」は，水平距離を基準量としたときの垂直距離の割合（対比型）であることに触れながら，割合の理解を深めることが重要です。

　以上述べてきた割合の体系的指導の特徴をまとめると，次の4点に整理することができます。

ア　小6の分数の乗除や比の単元でも，意図的に割合の問題を扱い，割合についての基本的な理解を促進する。

イ　第3用法の問題を，小学校では軽く扱う程度とし，中1の1次方程式で丁寧に扱うことを通して，割合についての基本的な理解を促進する。

ウ　PP タイプの問題を，中2以降の方程式の活用場面や文字式の説明場面，数列などで扱うことを通して，割合についての深い理解を促進する。

エ　P/P タイプの問題や％ポイント，‰を，高等学校のデータの分析や確率などで扱うことを通して，割合についての深い理解を促進する。

第4章　小・中・高を一貫する割合の体系的指導　065

コラム

割合の理解と関連の深い単元の内容は？

割合の理解と関連の深い単元の学習内容はどのようなものでしょうか。これらの学習内容を図式化すると，次の通りです（熊倉他，2024）。

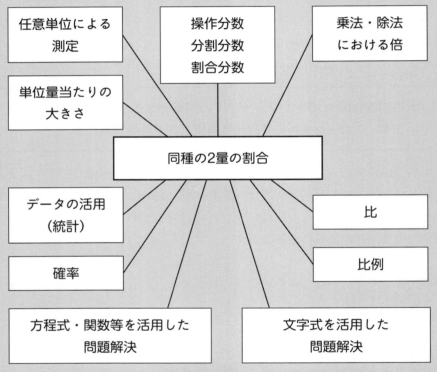

図4－1　割合の理解と関連する主な学習内容

本章で述べたように，「任意単位による測定」「分数」「倍」についての学習は，割合の素地になります。一方，小6以降で扱う「比」や「比例」「データの活用」「確率」「文字式」「方程式・関数」等の単元では，割合の理解を促進する指導が可能になると言えます。

実践編

第5章
小学校での実践

第1節　ゴムの伸びやすさ
（小4・簡単な場合についての割合）

1　実践の概要

(1)単元における位置づけ

　本実践は，小4の単元「簡単な場合についての割合」における導入（2時間扱い）を想定しています。割合をはじめて学ぶスタートの実践例です。

(2)本実践の目標

| 割合の目標 |

●ゴムひもの伸びやすさを，図や式などを使って比べる活動を通して，割合の意味を理解する。　　　　　　　　　［第4学年／C　変化と関係(2)］

(3)実践で扱う問題

【問題1】　どのゴムひもが一番伸びやすいかと言えるでしょうか。

	もとの長さ	いっぱいまで伸ばした長さ
A	10cm	30cm
B	6cm	18cm
C	4cm	16cm

【問題2】 Dのゴムひもは，Aのゴムひもと伸びやすさが同じです。Dのゴムひものもとの長さは7cmです。Dのゴムひもをいっぱいまで伸ばすと，何cmになるでしょうか。

問題1は，第1用法の増減型の問題です。児童にとって日常生活での経験が多くあるゴムひもの伸びやすさについて扱います。この問題は，差で比べるとAのゴムひもが一番伸びています（つまり，伸びた長さが一番長いゴムひもはA）が，倍で比べるとCのゴムひもが一番伸びやすいと言える（つまり，伸び率が一番大きいゴムひもはC）ように数値を設定します。そのことにより，差による比べ方と倍による比べ方とを対比させ，倍による比べ方の特徴について理解することをねらいとしています。

（解答例）　倍で比べると，Aは3倍，Bは3倍，Cは4倍伸びるから，Cのゴムひもが一番伸びやすいと言える。

問題2は，第2用法の問題です。「伸びやすさが同じ」ことの意味を扱うことを通して，割合の定義につなげるとともに，第2用法の式（基準量）×（割合）＝（比較量）を扱うことをねらいとしています。

（解答例）　Dのゴムひもの伸びやすさはAと同じ3だから，$7 \times 3 = 21$より，いっぱいまで伸ばすと21cmになる。

2　展開例

(1)問題1の提示（第1時）

ゴムひもの伸びやすさが，材質などによって異なることを理解させるために，もとの長さは同じで材質が異なる本物のゴムひもを準備して，授業者が児童の前で，いっぱいまで伸ばす演示を行います。ゴムひもによって伸びやすさが異なることの意味を把握したうえで，問題1を提示します。

第5章　小学校での実践　069

(2)個人で考える(第1時)

説明には,図や表などを使うように指示します。

C1 　Aは10cmから30cmで20cm,Bは6cmから18cmで12cm,Cは4cmから16cmで12cm伸びているので,Aが一番伸びやすいと思う。

C2 　Aは30÷10＝3で3倍,Bは18÷6＝3で3倍,Cは16÷4＝4で4倍になっているため,Cが一番伸びやすいと思う。

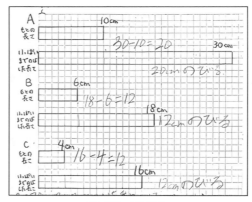

差で比べる考え

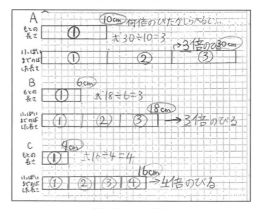

倍で比べる考え

(3)仲間と交流する（第1時）

　立場を明確にして，考えを交流することを伝えます。
C1　私は言葉で説明したけれど，図がかいてあるとわかりやすいね。
C2　自分で考えたときは，差で比べてＡが一番伸びやすいと考えたけれど，説明を聞いていたら倍で比べる方が正しいと思ったよ。

(4)全体で交流する（第1時）

T　　差で比べる考えと，倍で比べる考えをそれぞれ発表してください。
C1　「伸びた」ではなく「伸びやすさ」だから，倍で比べた方がよいと思います。
C2　もとの長さはＡが一番長く，Ｃが一番短いです。もとの長さが違うから，差で比べてはいけないと思います。
C3　例えば，100cm のゴムひもが20cm のびて 120cm になることと，100cm のゴムひもが４倍伸びて 400cm になることを考えると，差で比べるのではなく，倍で比べるべきだと思います。
C4　ＡのゴムひもとＢのゴムひもは，計算すると両方とも３倍になります。つまり，ＡのゴムひもとＢのゴムひもは同じ伸びやすさだと思います。

(5)まとめと振り返り（第1時）

　第１時のまとめとして，次のことを全体で共有します。
　「もとの長さが違うゴムひもの伸びやすさを比べるには，もとの長さの何倍かを調べればよい」
　そして，Ａ，Ｂのゴムの伸びやすさを３，Ｃのゴムの伸びやすさを４とすることを共有して，第１時を終えます。

第５章　小学校での実践　071

(6)問題2を提示し，個人で考える（第2時）

問題2を提示して，説明には図や表などを使うように指示します。
C1　Aのゴムひもは，伸びやすさが3なので，Dのゴムひもも同じく3になる。だから，Dのゴムひものもとの長さを3倍して，7×3＝21より，21cmになる。

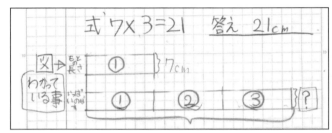

(7)全体で交流する（第2時）

T　どのように求めるのか説明しましょう。
C1　もとの長さ7cmに伸びやすさ3をかければ，伸ばした長さが求められます。
C2　テープ図を使うと，もとの長さを1とみたときに，その3つ分が伸びた長さになります。

(8)まとめと振り返り（第2時）

　(6)のC1がかいた図をもとに，「割合」について次のことを指導します。
「ゴムひもの伸びやすさのように，もとの長さを1とみたとき，伸びた長さがいくつにあたるかを表す数を，割合という」
「割合は，伸びた長さがもとの長さの何倍になるかを表す」
「(もとの長さ)×(割合)＝(伸びた長さ)になる」

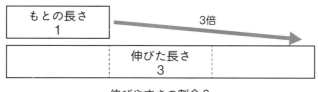

最後に1, 2時を通して学んだことの振り返りを書かせ授業を終えます。

3 実践を進めるにあたって

(1)指導上の留意点

　問題1は,「伸びたと言えるか」ではなく,「伸びやすいと言えるか」と表現しています。「伸びたと言えるか」とすると, これに対する答えは, 倍ではなく差で考えることになるからです。僅かな表現の違いですが,「伸びやすい」「伸びやすさ」という表現を使うようにすることが重要です。合わせて, 倍で考えることができるのは, もとの長さと伸ばした長さが比例関係にあるからです。児童の実態に応じて, 同じゴムでも, もとの長さを2倍にすれば, 伸ばした長さも2倍になることについて触れるとよいと思います。

　また, 第2時のまとめで指導する第2用法の式の中では,（もとの長さ）,（伸びた長さ）と表現しています。第3時以降で, ゴムひも以外の別の例を扱ったうえで,（もとにする量）,（比べる量）という一般的な表現を用いるのがよいと思います。

(2)他の問題設定・展開例

　本節では, 第2時で割合の定義をしていますが, 第1時で定義したうえで, 問題2を「割合」という用語を使って「Aのゴムひもと伸びやすさの割合が同じ」という表現を使うことも考えられます。また, 問題2で, D以外に, Cと同じ伸びやすさのEのゴムひもについて考える展開も考えられます。

第5章　小学校での実践　073

第2節 くじの当たりやすさ
（小5・割合）

1 実践の概要

(1)単元における位置づけ

　本実践は，小5の単元「割合」における導入を想定しています。2つの数量の関係を割合で表すことをはじめて学ぶ実践例です。

(2)本実践の目標

割合の目標

●同じ当たりやすさのくじ引きをつくる（2つの数量の関係に関わる）活動を通して，基準量の何倍かに着目すればよいことに気付き，割合の意味を理解することができる。　　　　　　　［第5学年／C　変化と関係(3)］

(3)実践で扱う問題

【問題1】　10人分のくじがあり，当たりくじは4本です。このくじと当たりやすさが同じで，15人分のくじをつくるには，当たりくじを何本にすればよいでしょうか。

	全部のくじ（本）	当たりくじ（本）
Aくじ	10	4
Bくじ	15	

074

【問題2】 Bくじとは別に，同じ当たりやすさのCくじをつくりなさい。

	全部のくじ（本）	当たりくじ（本）
Aくじ	10	4
Cくじ		

　問題1は，児童にとって身近なくじを題材とします。バスケットのシュート数等の題材のように「疲れてくると入る割合が下がる」といった比例関係が成り立たないという別の観点からの考察を避けるねらいもあります。

　数値は，児童が割合0.4 $\left(\frac{4}{10}\right)$ に気づきやすいように，全部のくじの本数を10本にします。また，Bくじの全体の本数は，20本や30本にすると，表を縦に見て当たりくじを2倍，3倍にする考えに偏るため，小数倍になるように15本に設定します。

（解答例）

ア　10本中当たりが4本だから，2でわって5本だったら当たりは2本となり，3倍して15本だったら当たりは6本

イ　つくるくじが15÷10＝1.5倍だから，当たりくじも1.5倍して
　　4×1.5＝6本

ウ　くじ1本当たりの当たりは4÷10＝$\frac{2}{5}$本。15本の場合も同じだから，当たりを□とすると，$\frac{2}{5}＝\frac{□}{15}$より□＝6本

エ　当たりは全部のくじの4÷10＝0.4倍。15本の場合も同じになるから，
　　15×0.4＝6本

　問題2は，本時のまとめとして扱う問題で，割合がわかるよさを感じさせたり，意味理解を深めることができたりすることをねらいとします。

（解答例）

　　全部のくじ20本，当たりくじ8本

　　全部のくじ25本，当たりくじ10本

　　全部のくじ30本，当たりくじ12本　など

第5章　小学校での実践　075

2 展開例

(1)問題の提示

　問題の意味を理解できるように，くじの拡大版を見せて問題を説明します。
T 　同じ当たりやすさの15人分のくじをつくろうと思います。<u>はずれくじを5本増やせばよいかな？</u>
C1　<u>それだと公平じゃない。</u>10本のくじと比べて<u>当たりにくいよ。</u>
T 　<u>当たりくじを5本増やしたらどう？</u>
C1　それだと10本のくじと比べて<u>当たりやすくなる。</u>
　下線部のように，はずれくじだけを増やしたら当たりにくくなり，当たりくじだけを増やしたら当たりやすくなってしまうことを感覚的につかませたうえで，「当たりやすさが同じくじをつくるには？」とめあてを設定します。

(2)個人で考える

　説明には，図や表などを使うように指示します。

C1　差で考える　　　　　　　　　C2　倍で考える（解答例ア）

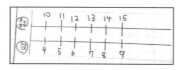　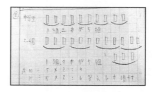

C3　比例関係で考える（解答例イ）　C4　割合で考える（解答例ウ，エ）

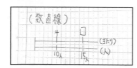　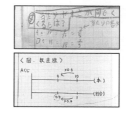

076

(3) 全体で交流する

(2)のＣ１〜Ｃ４の考えを全体で交流します。

①差の考え

まず，差の考えを取り上げます（表外の太字部分は話し合いながら記入）。

つくるくじの数	10	11	12	13	14	15	…	100
当たりくじの数	4	5	6	7	8	9	…	94
はずれくじの数	**6**	**6**	**6**	**6**	**6**	**6**		**6**

Ｃ１　つくるくじが増えるたびに，当たりくじも１本ずつ増えているね。
Ｃ２　当たる本数がだんだん増えると，はずれる可能性は減っていくよ。
Ｃ３　100本のときは？
Ｃ４　当たりくじ94本で当たりやすい。当たりやすさは同じとは言えない。
Ｔ　　差の考えだと，当たりやすさは同じにならないですね。今回はこの考えは使えませんが，「１ずつ増やしていく」というアイデアはいいですね。

②倍の考え

次に，解答例アと本質的に同じ倍の考えを取り上げます（図の太字部分は話し合いながら記入）。

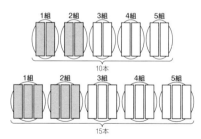

Ｃ５　10本のくじを５組に分けると，１組は２本ずつで，このうち２組分が当たりくじ。つくるくじを同じく５組に分けると１組は３本ずつで，このうち２組分を当たりくじにすればよいので，３×２で６本になる。
Ｃ６　１組当たりの量を調べて何倍か考えて求めている。わかりやすいね。

③比例関係の考え

次に,解答例イと同じ比例関係の考えを取り上げます。全部のくじの本数と当たりくじの本数が比例関係になることを認めていきます(図の太字部分は話し合いながら記入)。

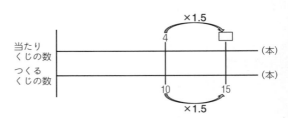

C7 数直線で考えているね。
C8 つくるくじが1.5倍だから,当たりも1.5倍にすればよい。
C9 当たりやすさが同じときは,比例の考えで求めればよいね。

④割合の考え

最後に,割合の定義につながる既習の単位量あたり(1あたり)の考えを取り上げます。全部のくじに当たりやすさをかければ,当たりくじの本数が求められることにつなげます(図の太字部分は話し合いながら記入)。

$4 \div 10 = \frac{4}{10} = \frac{2}{5}$ 当たりやすさ

$\square \div 15 = \frac{\square}{15} = \frac{2}{5}$

C10 $4 \div 10 = \frac{2}{5}$は,くじ1本あたりの当たりの数と考えられるね。15本の場合も同じになるはずだから,つくるくじの当たりの数を□とすると,$\square \div 15 = \frac{\square}{15}$と$\frac{2}{5}$が同じになるので,□は6だね。

C11 $4 \div 10 = \frac{2}{5} = 0.4$は,当たりくじが全体のくじの何倍になるかを表してもいるね。これは,4年生のときに学んだ割合と同じだ。

C12 この割合0.4は,くじの当たりやすさを表していると言えるね。

C13 つくるくじの本数15に当たりやすさ0.4をかけて,$15 \times 0.4 = 6$から,当たりくじの本数を6本と求めることもできるよ。

(4)まとめと振り返り（問題２）

　本時を振り返り，次の２点を確認します。
・全体を１とみたときの何倍かが当たりやすさで，それを割合という。
・同じ割合にしたいときには，全体の数に割合をかければよい。
　最後に，自由に全体のくじの本数を決めて，当たりくじの数を求める問題
２に取り組み，授業を終了します。

3　実践を進めるにあたって

(1)指導上の留意点

　「割合」の導入では，展開例で示したように，児童なりの言葉で「割合」
（当たりやすさ）を説明していくことで，割合のイメージを膨らませていく
ことができます。そのために，本単元の導入では，どの子も経験したことの
ある題材を取り上げることが重要です。また，第２章で述べたように，「割
合」は児童にとって理解が困難です。導入（本時）で同じ割合（当たりやす
さ）の意味を扱い，次時では割合が違う場面で割合を比べる活動を扱ってい
くことを通して，割合の意味について，時間をかけて，丁寧に指導を行って
いくことで，割合の理解を深めていくこともまた重要です。

(2)他の問題設定・展開例

　本時では，「①差の考え」について，個人で考えた後に，児童の考えの１
つとして全体で共有しましたが，割合に焦点化した話合いの時間を多く取る
ために，導入時に全体で共有することも考えられます。
　また，本時では，当たりやすさ（割合）を0.4に設定しましたが，児童の
実態に応じて，まず0.5や0.1の場合を考えたうえで本時に取り組むことも考
えられます。

第５章　小学校での実践　079

第3節　シュート率（%）の意味
　　　　（小5・割合）

1　実践の概要

(1)単元における位置づけ

　本実践は，小5の単元「割合」における導入の授業を想定しています。

(2)本実践の目標

割合の目標

●割合（百分率）における生活経験と既習事項をつなげて，シュート率の意
　味を考えることを通して，百分率の意味を知り，日常生活で使用されてい
　る百分率に関する興味・関心をもつ。　　　［第5学年／C　変化と関係(3)]

(3)実践で扱う問題

【問題1】　「%（パーセント）」をどこで見たことがありますか。
【問題2】　A君はバスケットの試合でシュートが○%（100%，50%）
入りました。何回中何回入ったでしょうか。
【問題3】　A君はバスケットの試合でシュートが20%入りました。何回
中何回入ったでしょうか。

　問題1は，百分率が日常生活のどこに活用されているのか想起させ，単元
を通した目標「『割合（%）』を学んで，世の中のことにもっと詳しくなろ

080

う！」を設定するために扱います。百分率は日常生活や社会科の学習で触れてきているため，そこから導入することで，児童にとって割合をより身近に感じさせ，割合学習への抵抗感を減らすことをねらいとしています。

問題２は，シュート率（シュートの成功率）を考えることを通して，児童の生活経験における知識とこれまで算数科で学習してきた既習事項を想起し，それらを関連付けて考えるために扱います。児童の発言をもとにしつつ，○に入る数として100％と50％について全体で考える場を設けます。100％が全体を表していることや50％は半分を表していることなど，これまで感覚的に捉えていた百分率について，数や言葉，図などを用いてその意味を理解することをねらいとしています。また，「半分」を分数や小数で表すことで，割合の定義に結び付けるとともに，この後の割合学習の理解につなげていくこともねらいとしています。

（解答例）100％：全部入ったこと。

　　　　　　　　10回中10回，20回中20回，１回中１回

　　　　　50％：半分入ったこと。$\frac{1}{2}$のこと。

　　　　　　　　100回中50回，２回中１回

　　　　　　　　$\frac{50}{100} = \frac{1}{2} = 1 \div 2 = 0.5$

問題３は，問題２で得た知識をもとに解決する問いになります。100％や50％について，シュートを打った回数と入った回数がそれぞれ何回なのか考えたこと，それらを分数や小数を用いて表現したこと，100％が全体を表していることなどをもとにして，帰納的に20％のもつ意味を理解することをねらいとしています。20％について説明する際には，図や言葉の式などを活用して共有を図ることが重要です。ここで理解したことや問いを解決するために活用した考え方を生かして，この後の割合の学習を進めていくことになります。また，授業の中や振り返りで出た児童の問いをもとに，この後の割合の単元の流れを計画していきます。

（解答例）20％：100回中20回，10回中２回，５回中１回

　　　　　　　　$\frac{20}{100} = \frac{1}{5} = 1 \div 5 = 0.2$

2 展開例

(1)問題1を全体で考え，単元を通した課題を共有する

　問題1を投げかけ，割合（百分率）が身近にあることに気づかせます。
C1　100％ジュースとか，よく飲み物で見るよ。
C2　社会科の授業にもグラフで出てくるよね。
C3　20％OFF という表示を見たことがあるけれど，どれくらい安くなる
　　かはよくわからないな。

　C1～C3の意見を踏まえて，単元を通した次の目標を示します。
「『割合（％）』を学んで，世の中のことにもっと詳しくなろう！」

(2)問題2を全体で考え，個人で確かめる

　問題2を提示し，○がいくつならシュートを打った回数と入った回数につ
いて考えることができそうか問い，100％と50％を取り上げます。
C1　100％ならすぐわかるよ。全部入ったということだよね。
C2　例えば10回中10回や5回中5回入ったことになる。
C3　50％もわかるよ。半分だから4回中2回や100回中50回入れば50％に
　　なるよ。
C4　$\frac{2}{4}$ や $\frac{50}{100}$ とか，分数で表すこともあるよね。
C5　50％は $\frac{1}{2}$ という言い方もできそうだね。

(3)分数や小数で表すことができるという考えを共有する

　(2)のC1～C5の考えを全体で共有し，分数や小数で表すことができる
ことについて，さらに学びを深めるために，次の発問をします。

T　100%や50%で考えた○回中△回を，分数や小数で表すことができますか？

C1　どれも $\dfrac{入ったシュート数}{打ったシュート数}$ で表すことができる。

C2　分数はわり算になるから，小数にすることができるね。

C3　100%はどれも1になったよ。

C4　50%はどれも $\dfrac{1}{2}$ になって，小数に直すと0.5になったね。

C5　回数は違うのに，どの場合も100%は1，50%は0.5になるんだ。

|100%|…全部

100回中100回 → $\dfrac{100}{100}=1$

10回中10回 → $\dfrac{10}{10}=1$

5回中5回 → $\dfrac{5}{5}=1$

|50%|…半分

10回中5回 → $\dfrac{5}{10}=\dfrac{1}{2}$

100回中50回 → $\dfrac{50}{100}=\dfrac{1}{2}$

4回中2回 → $\dfrac{2}{4}=\dfrac{1}{2}$

$\Big\}\ 1\div 2=0.5$

(4) 問題3を個人で考え，全体で交流する

　問題2を通して得た知識を共有した後，それを生かして解決する問題3を提示し，まずは個人で，続いて全体で交流します。

C1　50%のときは，100%中50%で $\dfrac{50}{100}$ になったから，20%のときは，$\dfrac{20}{100}$ で，100回中20回になるのかな。

C2　図で表すと100%中20%は10個に分けた2つ分になって，$\dfrac{2}{10}$ とも言えるよ。

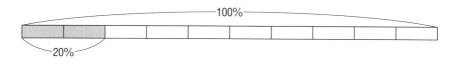

第5章　小学校での実践　083

C3 $\frac{20}{100}$や$\frac{2}{10}$は$\frac{1}{5}$になるから，5回中1回も20％になるのかも。

C4 10回中2回も5回中1回も，小数に直すと0.2になるよ。

C5 今まで出てきた小数を100倍すると％の数になっているね。

$$10回中2回 \rightarrow \frac{2}{10} = \frac{1}{5}$$

$$100回中20回 \rightarrow \frac{20}{100} = \frac{1}{5} \qquad 1 \div 5 = 0.2 \qquad 0.2 \times 100 = 20$$

帰納的に考えたC1やC3の考えについては，具体的な数値を使って全体で考えを共有します。また，C2の考えを共有する中で，改めて100％が全体を表していることを確認します。そして，C1〜C4の考え方を統合してC5の考え方に気づかせます。

(5)振り返る

本時を振り返り，授業を通して「わかったこと」と「もっと知りたいこと」を個人でまとめ，それを全体で共有し，授業を終了します。

3 実践を進めるにあたって

(1)指導上の留意点

算数教科書の多くは，割合についての定義を学習した後，百分率について学習する流れになっています。それに対して，本実践は児童の実生活を通して，既にもっている百分率に関する知識とこれまでの算数学習の知識をつなぐところから単元に入る流れにしました。現実の世界と数学の世界をつなげることで，実感を伴いながら，より興味・関心をもって割合の学習を進めていくことが期待できます。

一方で，割合学習の導入授業で20％について扱うことは，少なからず児童にとってハードルが高いかもしれません。そこで，まず100％や50％から扱

い，続いて20％について考えることを通して，日常生活の経験とこれまでの算数学習の知識をつなげることができます。また，本時で生まれた児童の問いをもとに第2時以降の単元の流れを計画していくことに重点を置くことで，主体的に割合の学習を進めていくことが期待できます。

(2)他の問題設定・展開例

本時は，100％や50％を扱った後，20％について考えていく流れでしたが，20％の部分を10％にすることも考えられます。10％の方が，100％の$\frac{1}{10}$であることをもとに考えることができるので，児童にとって考えやすいかもしれません。また，本時の中で1％を扱うことも考えられます。1％については，割合や百分率の定義を理解するうえで重要になるので，本時で扱わずとも単元のどこで扱うのか単元計画に確実に位置づける必要があります。

第2時以降は，第1時を通して共有した考え方や新たに生まれた問いを生かして進めていくことが重要です。考え方や予想される問い・知りたいこととしては，以下のようなものが考えられます。

考え方
・割合を分数や小数，図を用いて表して考えたこと。
・帰納的，比例的な考え方を活用したこと。

予想される問いや知りたいこと
・次は10％や1％など，他の％についても求めてみたい。
・何％でも求められる「きまり」のようなものを見つけたい。
・％が他にどんな場面で使うことができるのか知りたい。

第2時の展開例としては，児童の問いである10％や1％を扱いながら，割合（百分率）を定義していくことが考えられます。第1時で入ったシュート数と打ったシュート数を分数や小数で表したことを想起して，比較量÷基準量で割合を求めることができること，それを100倍することで百分率として表現することを扱う展開が考えられます。

第5章　小学校での実践　085

第4節　くじの本数
（小6・比）

1 実践の概要

(1)単元における位置づけ

　本実践は，小6の単元「比」における活用として，この単元の最後の時間で実践することを想定しています。

(2)本実践の目標

割合の目標
●比を用いて第3用法に関わる問題を解決することを通して，比と割合の関係についての理解を深め，割合を活用する力を育成する。

単元に関わる目標
●比についての理解を深め，比を活用して百分率で示された問題を解決することができる。　　　　　　　　　　　　［第6学年／C　変化と関係(2)］

(3)実践で扱う問題（平等他，2021）

【問題】　ある学校の児童会では，くじ引きのイベントを考えています。景品を15個用意することができたので，これを当たりの本数としてくじをつくることにしました。当たりを全体の30%になるようにしようと考えていますが，くじは全部で何本つくればよいでしょうか。

086

この問題では，比や割合に関する多様な考えを扱うことを通して，比の理解を深めるだけではなく，小5で学習した割合の理解を深めることをねらいとしています。

（解答例1／比の活用1）

　くじの総本数を x 本とすると，（ア）$30：100＝15：x$　よって，$x＝50$本

　（ア）の比の代わりに，次の（イ）～（エ）の比でも同様に求められる。

　（イ）$100：30＝x：15$　（ウ）$30：15＝100：x$　（エ）$15：30＝x：100$

（解答例2／比の活用2）

　はずれのくじの本数を x 本とすると，（オ）$30：70＝15：x$

　よって，$x＝35$本，したがって，くじの総本数は，$35＋15＝50$本

　（オ）の比の代わりに，次の（カ）～（ク）の比でも同様に求められる

　（カ）$70：30＝x：15$　（キ）$30：15＝70：x$　（ク）$15：30＝x：70$

（解答例3／割合（第3用法）による方法）

　割合30％の比較量が15本だから，$15÷0.3＝50$本

（解答例4／割合（第2用法）による方法）

　くじの総本数を x 本とすると，$x×0.3＝15$　よって，$x＝15÷0.3＝50$本

（解答例5／帰一法による方法）

　15本が30％の本数に相当するので，1本は2％の本数に相当する。よって，100％の本数に相当するのは，$100÷2＝50$本

　上記の解答例1と解答例2で，（ア）と（イ），（ウ）と（エ），（オ）と（カ），（キ）と（ク）は，それぞれ2つの項の順序を入れ替えただけです。割合と異なり，一方を基準量に固定する必要がない点が比のよさであり，そのことを確認することができます。また，（ウ）と（エ），（キ）と（ク）は，いずれも割合と本数の比であり，異種の2量の比です。算数の教科書では扱われていない比ですが，比の表現としては成立するものです。

　このように，（ア）～（ク）のどの表現を使っても問題の答えを求めることができるという表現の多様性もまた，比のよさの1つであり，その理解を深めることをねらいとしています。

第5章　小学校での実践　087

また，解答例３は小５で学んだ第３用法の振り返り，解答例４は小６の文字を使った式の学習を生かした方法です。これらの方法を扱うことを通して，小５で学んだ割合の理解を深めることが期待できます。

2　展開例

(1)問題の提示

　イラスト等を活用しながら，場面把握ができるように問題を提示します。前時で扱った問題と比較し，百分率を含んでいることや，くじの総本数が明示されていないこと等を確認しながら問題の理解を深めていきます。その後，割合や比を活用する見通しを立て，個人で考える時間をとります。

(2)個人で考える

　式だけでなく，図や表を使って自分の考えを説明するように指示します。

Ｃ１　くじの総本数を x 本として，くじの本数の比とくじの総本数を基準とした割合の比を考えると，$15:x=30:100$ となる。x にあてはまる数を求めると50だから，くじの総本数は50本だ。

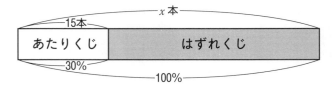

Ｃ２　くじの総本数を x 本として，くじの本数とその割合の比を，当たりくじと総本数の場合について考えると，$15:30=x:100$ となる。x にあてはまる数を求めると50だから，くじの総本数は50本だ。

Ｃ３　はずれくじの本数を x 本として，当たりくじとはずれくじの本数の比とくじの総本数を基準とした割合の比を考えると，$15:x=30:70$ となる。x にあてはまる数を求めると35だから，はずれくじの本数は

35本だ。だから、くじの総本数は、35＋15＝50本になる。

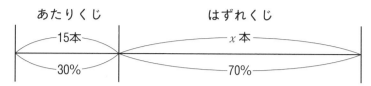

C4　くじの総本数を x 本とすると、基準量が x 本、比較量が15本だから、$x \times 0.3 = 15$ という式になる。これから、$x = 15 \div 0.3 = 50$ 本だ。

C5　もとにする量＝比べる量÷割合だから、$15 \div 0.3 = 50$ となり50本だ。

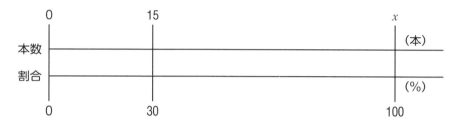

C6　15本が30％にあたるから、1本は2％にあたる。50本で100％になるから答えは50本だ。

C7　15本が30％にあたるから、$\frac{1}{3}$ 倍の5本は10％にあたる。だから、100％にあたる本数は、$5 \times 10 = 50$ 本。

本数（本）	…	5	…	15	…	x	…
割合（％）	…	10	…	30	…	100	…

(3) 仲間と交流する

　自分では思いつかなかった方法を探し、それについて理解を深めるように指示します。

C1　比をつくるのが楽そうだね。

C2　15×0.3で求めると思ったけど、x が基準量で15が比較量なんだね。

C3　1本あたりの割合を考えて解く方法もあるんだね。

第5章　小学校での実践　089

C4　図を使うと，式を立てるときにわかりやすくなるよ。

(4)全体で交流する

　最初に，小5で学んだ割合の第3用法や第2用法を使った解き方として，(2)のC4，C5の考えを発表させます。その際，できればテープ図などの図を取り上げるとよいと思います。

　この2つの考えを比較し，統合的に捉える機会を設けます。

T　　使っている式は違いますが，2つの考えで同じところはありませんか？

C1　両方とも15÷0.3という式が出てきています。

C2　結局，同じ式が出てくるので，どちらの方法も同じ計算をしていることになると思います。

C3　つまり，（もとにする量）×（割合）＝（比べる量）の1つの式だけでも，問題は解くことができると思います。

　次に，比を使った解き方として，(2)のC1，C2およびC3の考えを発表させます。その際も，できれば図をもとに説明し，比についての理解が深まるようにします。

　最後に，帰一法や比例的推論を用いた方法として，(2)のC6やC7のような考えをした児童がいれば発表させます。その際も，表を使った説明を取り上げるとよいと思います。

(5)授業のまとめと振り返り

　授業の中で発表された考え方を割合による解き方，比による解き方，その他の解き方のように分類し，それぞれのよさについて話し合います。

T　　様々な考え方が出されましたが，それぞれのよさについて考えてみましょう。

Ｃ１　比を使った方法は，かけ算なのかわり算なのかを区別しなくてよいのでわかりやすいです。

Ｃ２　割合を使った方法では，かけ算の式がわかりやすいと思います。

Ｃ３　比例の考えを用いた方法も，わかりやすいと思います。

　これらの意見を参考に，「もし，次に似たような問題を解くなら，どの方法を使いたいか」という視点で授業感想を書かせ，授業を終えます。

3　実践を進めるにあたって

(1)指導上の留意点

　この問題は，(2)のＣ１〜Ｃ７のように多様な方法が考えられますが，すべてを取り扱う必要はありません。しかし，比を活用した方法と小５で学習した割合の考えによる方法は必ず扱い，それらの方法のよさを振り返る活動を通して，比と割合について理解を深めることが重要です。

(2)他の問題設定・展開例

　比の値を取り上げ，割合の理解を深めるという展開も考えられます。例えば，$15:x=30:100$の右辺の比の値$\frac{3}{10}$は，第２用法による解き方の中では0.3として現れます。さらにそれをもとにすると，$15:x$から$x \times \frac{3}{10}=15$という第２用法の式をつくることができます。また，$30:15=100:x$の左辺の比の値２は，くじ１本あたりの割合が２％であることや，くじの本数と割合を比例関係と捉えたときの比例定数が２であることを示しています。このように，比の値を中心に，比と割合，比と帰一法・比例をつなげ，割合の理解を深めることができます。

コラム

10%割引と10%増量はどちらがお得？

お店で商品を購入するときに「10%割引」や「10%増量」を見かけますが，どちらがお得でしょうか。

例えば，精肉を「10%割引」と「10%増量」で購入する場合を比べます。1gあたり定価x円とすると，1gあたりのそれぞれの売価は次の通りです。

　　ア　10%割引の場合　　$x \times (1 - 0.1) = 0.9x$

　　イ　10%増量の場合　　$\dfrac{x}{1 + 0.1} = 0.909 \cdots x \fallingdotseq 0.91x$

$0.9x < 0.91x$ だから，「10%割引」の方がお得であることがわかります。
一般に「A%割引」と「A%増量」の場合も次のように同じ結果になります。

　　ア　A%割引の場合　　$x \times (1 - 0.01A) = (1 - 0.01A)x$

　　イ　A%増量の場合　　$\dfrac{x}{1 + 0.01A}$

　　　　$\dfrac{x}{1 + 0.01A} - (1 - 0.01A)x = \dfrac{(0.01A)^2 x}{1 + 0.01A} > 0$ だから，

　　　　$(1 - 0.01A)x < \dfrac{x}{1 + 0.01A}$ となり，「A%割引」の方がお得。

次に，1山でいくつかの果物が販売されているときに，「1割引き」と「1個おまけ」では，どちらがお得か考えてみましょう。

1山n個の果物の定価をx円とすると，1個当たりの売価は次の通りです。

　　ア　1割引きの場合　　$\dfrac{x}{n} \times (1 - 0.1) = \dfrac{0.9x}{n}$

　　イ　1個おまけの場合　　$\dfrac{x}{n+1}$

ア＞イとなるのは，$\dfrac{0.9x}{n} > \dfrac{x}{n+1}$ だから，$0.9(n+1) > n$　よって$n < 9$

ア＜イとなるのは，$\dfrac{0.9x}{n} < \dfrac{x}{n+1}$ だから，$0.9(n+1) < n$　よって$n > 9$

ア＝イとなるのは，$\dfrac{0.9x}{n} = \dfrac{x}{n+1}$ だから，$0.9(n+1) = n$　よって$n = 9$

この結果から，1山の個数が9個の場合は，どちらも同じですが，9個より少ない場合は「1個おまけ」の方が，9個より多い場合は「1割引き」の方がお得であることがわかります。

実践編

第6章
中学校での実践

第１節　食材の廃棄率
##　　　　（中１・１元１次方程式）

1　実践の概要

(1)単元における位置づけ

　本実践は，中１の単元「１元１次方程式」における活用（２時間扱い）を想定しています。また，家庭科の調理実習における食材廃棄と関連させ，教科横断的な学びという視点も取り入れます。

(2)本実践の目標

割合の目標

●調理実習という現実場面を割合の問題として捉え，「基準量」を明確にして考察する活動を通して，割合についての基本的な理解を深め，割合（第３用法）の問題を解くことができる。

単元に関わる目標

●方程式について理解し，日常生活における問題を１元１次方程式を用いて考察し，問題を解決することができる　　　　　［第１学年／Ａ　数と式(3)］

(3)実践で扱う問題 (和田, 2019)

【問題１】　里いもを１人60g食べるようにしたいと思います。
200人分用意するには，何kg発注すればよいでしょうか。
【問題２】　12kgの里いもがあります。廃棄率を20％とすると，食べられる部分は何kgになるでしょうか（第２用法）。

【問題3】　里いもの食べられる部分を12kg用意したいと思います。廃棄率を20％とすると，何kg発注すればよいでしょうか（第3用法）。

　問題1は，「家庭科の教員」という立場で食材を発注する場面として扱います。そして，「12kg発注すれば，1人60g食べることになるのだろうか？」という発問から廃棄量について意識を向けさせます。

　（解答例）$60 \times 200 = 12000g = 12kg$

　問題2は，全体部分型の第2用法の問題を扱います。ここでは食べられる部分を求めます。【問題3】を扱う前の問題として位置づけています。単に答えを確認するだけではなく，他者に伝わるような記述を意識させ，考え方を共有することをねらいとしています。

　（解答例）ア　$12 \times 0.8 = 9.6kg$　　　　　イ　$12 \times 0.2 = 2.4$　$12 - 2.4 = 9.6kg$

　問題3は，全体部分型の第3用法について考えます。可食量を12kgとしたときの発注量を求める問題です。方程式や比例式による方法だけではなく，算数で学んだ方法も含めて様々な考え方を取り上げると同時に，可食量を基準量としてしまう典型的な誤答の要因を検討することを通して，割合の基本的な理解を深めることをねらいとしています。

　（解答例）発注量を x kgとする。

ア　$12 \div 0.8 = 15kg$（第3用法の公式）

イ　$x \times 0.8 = 12$ より $x = 15kg$（1次方程式）

ウ　$12 : x = 0.8 : 1$ より，$0.8x = 12$，$x = 15kg$（比例式）

エ　$12 \div 80 = 0.15$，$0.15 \times 100 = 15kg$（帰一法）

2　展開例

(1)問題場面を把握し，問題1を考える（廃棄率への着目）

　授業の導入では，調理実習をしていた自分とは違う見方をして，「家庭科

の教員」という立場で正確に食材を発注することを意識させます。より問題解決をする意義を明確にするため，中学１年で行う調理実習の後にこの授業を行うと効果的です。

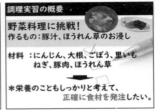
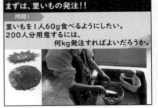

　問題１については多くの生徒が12kgという解答になることが予想されます。そこで，教員から「12kg発注すれば，１人60g食べることになるのだろうか？」と発問をします。家庭科の授業で食材の廃棄について扱っていたり，授業前に調理実習を実施したりしていると，生徒から「皮がある分，実際に食べる部分は減る」といった反応を引き出すことができます。そこで，この授業で重要になる「廃棄率」の意味やイメージをつかませます。廃棄率が極端に大きい食材と小さい食材をクイズ形式で確認すると実感がわきます。廃棄率の数値設定については，家庭科の授業で使用している食品成分表の数値であること，ただし調理者によって廃棄率が異なることを確認します。

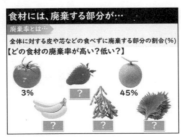
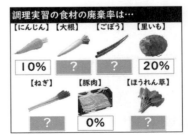

(2) 問題２を個人で考え，全体で共有する

　ここでは第２用法の問題を扱います。比較的スムーズに問題解決が進むことが予想されますが，様々な説明方法を確認していきます。問題２において

考察の方法を共有することが，問題3の思考の手助けになります。

また，ここで利用している割合としての「1」は何を意味しているのかを丁寧に確認することが重要です。

S1　テープ図

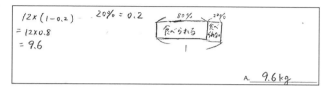

S2　円グラフ　　　　　　　S3　帰一法（1割あたり→8割あたり）

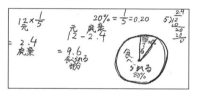
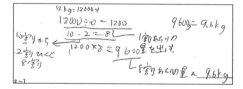

S1〜S3などの考えを全体で共有し，割合の基本的な理解につなげます。

(3)問題3を個人で考える

ここでは中学生にも難しいとされる第3用法の問題を扱います。問題3を提示して個人で考える時間をとります。

S1　割合の公式による方法（く・も・わの活用）

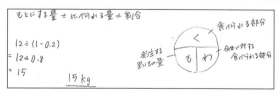

S2　1次方程式による方法

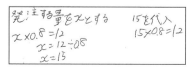

第6章　中学校での実践　097

S3　比例式による方法

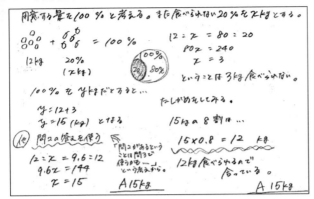

S4　1kgあたりの可食量を求める方法

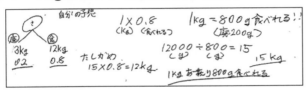

S5　基準量を12kgとする誤答

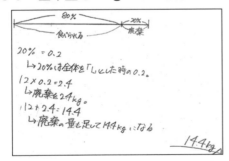

　S5のように，基準量を12kgと考えて12×1.2＝14.4kgとする誤答が多数出てくることが予想されます。

(4) グループで共有する

　次に，14.4kg（誤答）と15kg（正答）のどちらが正しいかを議論すること

を意図して，グループで議論する時間をとります。
S1　14.4kgだとすると，14.4×0.8＝11.52kgになるからおかしいよ。
S2　考え方あっていると思うけどな…なんでこの方法だと違うの？

(5) 全体で，様々な方法と誤答の理由を追究する

　(4)のS2の考えを共有したうえで，(3)の様々な方法を発表させます。また「14.4kgとなる求め方は何がいけないのか」を全体に問います。

S1　14.4kgでダメな説明1　　　　S2　14.4kgでダメな説明2

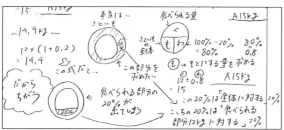 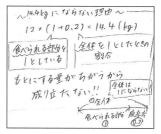

　割合の問題では，基準量が重要であることを強調して授業を終えます。

3　実践を進めるにあたって

(1) 指導上の留意点

　単に方程式を利用して解決することをねらいにするのではなく，誤答を追究し「基準量」に着目することが重要です。

(2) 他の問題設定・展開例

　食材の廃棄率を題材としたPPタイプの次の問題を扱うこともできます。
　「ほうれん草の食べられる部分を6.3kg用意したいと思います。ほうれん草は茹でると，生のときの重さよりも30％減ります。その後の廃棄率を10％とすると，ほうれん草を何kg発注すればよいでしょうか」

第2節　満月の見かけの大きさ
（中1・課題学習）

1　実践の概要

(1)単元における位置づけ

　本実践は，中1の数学的活動を促す課題学習として，割合の理解を深めることを想定しています。これまでにあまり扱いのない，割合が近い関係を探して正しい説明につなげる実践例です。

(2)本実践の目標

割合の目標
●第1用法と第2用法の違いについて確認するとともに，2つの数量の関係に近い割合を探す活動を通して，割合の基本的な理解を促進する。

単元に関わる目標
●「スーパームーン」と「マイクロムーン」という日常の事象を関連付けて，見いだした問題を解決する力を育成する。　　　　［第1学年・数学的活動］

(3)実践で扱う問題

　最も大きく見える満月を「スーパームーン」，最も小さく見える満月を「マイクロムーン」といいます。「スーパームーンの直径」と「マイクロムーンの直径」を比べたとき，「マイクロムーンの直径」をもとにすると，「スーパームーンの直径」は約14%長いです。

月の直径を硬貨の直径に置き換えて考えることとします。硬貨の直径
は表の通りであるとき，「マイクロムーンの直径」と「スーパームーン
の直径」の関係に最も近い硬貨のペアはどれでしょうか。

硬貨の種類	硬貨の直径
50円	21.0mm
500円	26.5mm
25セント	24.26mm
50セント	30.61mm

　「スーパームーン」と「マイクロムーン」の2つの関係を，硬貨に見立て
て考える問題で，平成29年度全国学力・学習状況調査・算数B⑤を参考に作
成しました。「マイクロムーンの直径」を基準量とするときの「スーパーム
ーンの直径」の割合が約1.14という関係に近い硬貨のペアを探す問題であり，
より正確な割合の比較の方法を考える必要があります。

　解答例のように，一方の硬貨の直径を基準量とするときの他方の硬貨の直
径の割合を求めて（第1用法），1.14に最も近いペアを探します。それに対
して，一方の硬貨の直径を1.14倍した値を求めて（第2用法），他方の硬貨
の直径との差が最も小さくなるペアを探すと，上記とは異なるペアになりま
す。このような結果になるよう，4種類の硬貨を設けています。

（解答例ア）　小さい硬貨に対する大きい硬貨の直径の割合が1.14に最も近
　　　　　　いペアを探す。
　　　　　　50円に対する25セントの割合：24.26÷21.0≒1.155238
　　　　　　50円に対する500円の割合：26.5÷21.0≒1.261905
　　　　　　50円に対する50セントの割合：30.61÷21.0≒1.457619
　　　　　　25セントに対する500円の割合：26.5÷24.26≒1.092333
　　　　　　25セントに対する50セントの割合：30.61÷24.26≒1.261748
　　　　　　500円に対する50セントの割合：30.61÷26.5≒1.155094

第6章　中学校での実践　101

　　　　　　割合が1.14に最も近いのは，500円と50セントのペア。

（解答例イ）　小さい硬貨と大きい硬貨の直径の比が1：1.14に最も近いペアを探す。

　　　　50円：25セント＝21.0：24.26≒1：1.155238

　　　　50円：500円＝21.0：26.5≒1：1.261905

　　　　50円：50セント＝21.0：30.61≒1：1.457619

　　　　25セント：500円＝24.26：26.5≒1：1.092333

　　　　25セント：50セント＝24.26：30.61≒1：1.261748

　　　　500円：50セント＝26.5：30.61≒1：1.155094

　　　　比が1：1.14に最も近いペアは，500円と50セントのペア。

2　展開例

(1)問題の提示

　月の大きさ自身は変化しないが，地球から月までの距離が変化することに伴い満月の見かけの大きさが変わること，見かけが最も大きく見えるときの満月を「スーパームーン」，最も小さく見えるときの満月を「マイクロムーン」と言うこと，「マイクロムーンの直径」に比べて「スーパームーンの直径」は約14％長いことを共有します。このとき，月の写真を提示すると，イメージがわき効果的です。状況が把握できたところで，実際の硬貨を示したりしながら，問題を提示します。

(2)個人で考える

　数の計算が面倒なので，電卓を使用しても構わないことを指示します。

S 1　小さい硬貨の直径を1.14倍して，その結果と大きい硬貨の直径との差が小さいペアを探す。

　　　50円と25セント：21.0×1.14＝23.94，24.26－23.94＝0.32

102

50円と500円：21.0×1.14＝23.94，26.5−23.94＝2.56

50円と50セント：21.0×1.14＝23.94，30.61−23.94＝6.67

25セントと500円：24.26×1.14＝27.6564，26.5−27.6564＜0

25セントと50セント：24.26×1.14＝27.6564，

30.61−27.6564＝2.9536

500円と50セント：26.5×1.14＝30.21，30.61−30.21＝0.40

差が最も小さいのは，50円と25セントのペア。

S2　（解答例ア）

S3　（解答例イ）

(3)仲間と交流する

　自分とは異なる方法について，グループで確認・共有します。

S1　やり方によって，硬貨のペアが違うぞ。

S2　「割合」を求める考えと，かけ算した結果との「差」を求める考えがあるよ。

S3　どちらが正しいのかな？

(4)全体で交流する

　(1)のS1とS2の考えを順に発表させます。

　2つの違う考え方が共有され，生徒からどちらが正しいのかという疑問の声があがってきたところで，次の発問をします。

T　　どちらが「より正確な」比較方法と言えるのかな？

S1　「割合」で比べるのか「差」で比べるのかということだね。

S2　どちらも説明としては正しいように思うけど…。

S3　差で比べるより，割合を求めて比べる方が正確だと思う。例えば，2つの硬貨の直径が「100」と「115」，「1」と「1.16」というペアの場合を考えてみると，100に対する115は1.15倍で，1に対する1.16は

第6章　中学校での実践　103

1.16倍だから，明らかに100と115のペアの方が関係が近いよね。

ところが，差で考えると

100×1.14＝114で，115との差は1

1×1.14 ＝1.14で，1.16との差は0.02

だから，1と1.16のペアの方が関係が近いことになっておかしい。

だから，割合を求めて比べる方（第1用法）が正確だよ。

S 4　（解答例3の）比を使った方法でも正確だね。

(5)まとめと振り返り

　「100＋14＝114％」は，マイクロムーンの直径を基準量としたときのスーパームーンの直径の割合であること，この割合に近い関係を探すには，第1用法や比を用いることが重要であることを確認します。

　また，この問題は「約」14％長いとなっているので，50円硬貨の直径に対する25セント硬貨の直径の割合1.155238と，500円硬貨の直径に対する50セント硬貨の直径の割合1.155094にはわずかな差しかないことを考えると，実際には両方のペアを答えとしてもよいかもしれないことを補足して，授業を終了します。

3　実践を進めるにあたって

(1)指導上の留意点

　解答例1や解答例2では，小さい硬貨と大きい硬貨の組み合わせ6通りをすべて調べていますが，実はすべての場合を調べる必要はありません。具体的には，「50円に対する25セントの直径の割合」は1.155238＞1.14なので，25セントより大きい500円や50セントの割合は，明らかにこの値よりも大きくなります。そのため，「50円に対する500円の直径の割合」や「50円に対する

50セントの直径の割合」はもう調べる必要がないわけです。全部の場合を調べなければいけないと考えている生徒に対して，このことを確認することも大切でしょう。

また，解答例３の比を使った方法も，比の理解を深めるうえで重要です。「14％長い」ことを比で表すと，「１：1.14」になることを丁寧に説明することが重要です。

(2)他の問題設定・展開例

本時の問題を扱った後に，この問題を発展させて，「ストロベリームーン」や「コールドムーン」を題材とした次のような問題２（PP タイプの問題）を扱うことも考えられます。

【問題２】「マイクロムーン」の直径と比べて９％長くなった「ストロベリームーン」の直径と，「スーパームーン」の直径と比べて５％短くなった「コールドムーン」の直径について考えます。「ストロベリームーン」の直径と「コールドムーン」の直径はどちらが長いでしょう。

（解答例）「マイクロムーン」の直径を x とすると，

「ストロベリームーン」の直径は，$x \times 1.09 = 1.09x$

「スーパームーン」の直径は，$x \times 1.14 = 1.14x$ となるので，

「コールドムーン」の直径は，$1.14x \times 0.95 = 1.083x$

$1.09x > 1.083x$ なので「ストロベリームーン」の直径が長い。

この問題は，一見すると，９＋５＝14なので，「直径は同じ」と考える生徒もいることが考えられます。９％や５％の基準量が何を指すかを確認したうえで，丁寧に指導することが重要です。

第６章　中学校での実践　105

第3節 割引価格を比べる
（中2・文字を用いた式）

1 実践の概要

(1)単元における位置づけ

　本実践は，中2の単元「文字を用いた式」における活用として，この単元での最後の時間で実践することを想定しています。

(2)本実践の目標

割合の目標

●割合の意味を確認するとともに，「割合の割合」を考える問題の解決を通して，割合についての理解を深め，割合を活用する力を伸ばす。

単元に関わる目標

●事象が一般的に成り立つことを説明する活動を通して，文字式を活用する力を伸ばす。　　　　　　　　　　　　　　　　［第2学年／A　数と式(1)］

(3)実践で扱う問題

【問題1】　P店とQ店では，次のセールを行っています。

P店：全品が定価の40%引き

Q店：全品が定価の30%引きで，クーポンを使うと割引価格のさらに
　　　10%引き

Q店のクーポンを持っているとき，定価3000円の商品を買うのに，どち

106

らの店で買うのが得でしょうか。

【問題2】　定価3000円以外の商品を購入する場合はどうでしょうか。

【問題3】　Q店の割引率をいろいろ変えて，それぞれの場合にどちらの店で買うのが得か調べましょう。

　問題1は，P店の割引価格を求める問題が第2用法の増減型で，小学校の復習として扱います。Q店の割引価格を求める問題はPPタイプの増減型で，40％＝30％＋10％から，一見すると割引価格はどちらも同じに思えるように数値を設定します。

（解答例）　P店：$3000 \times (1 - 0.4) = 1800$円

　　　　　　Q店：$3000 \times (1 - 0.3) \times (1 - 0.1) = 1890$円

　　　　　　よって，P店の方が90円得である。

　問題2は，文字を用いて計算して比較する問題です。文字を用いて一般的にどちらの店が得かを説明させることをねらいとしています。

（解答例）　定価A円の商品を購入する場合を考える。

　　　　　　P店：$A \times (1 - 0.4) = 0.6A$

　　　　　　Q店：$A \times (1 - 0.3) \times (1 - 0.9) = 0.63A$

　　　　　　$0.6A < 0.63A$ より，定価がいくらであっても，P店が得である。

　問題3は，「30％引き」や「10％引き」の数値を変えたときに，結論がどのように変化するかしないかを調べる活動を意図した問題で，発展的に考察する態度の育成もねらいとしています。

（解答例）　定価A円の商品を購入する場合を考える。

　　　　　　ア　全品10％引き，クーポン30％引きの場合

　　　　　　Q店：$A \times (1 - 0.1) \times (1 - 0.3) = 0.63A$ より，P店が得。

　　　　　　イ　全品20％引き，クーポン20％引きの場合

　　　　　　Q店：$A \times (1 - 0.2) \times (1 - 0.2) = 0.64A$ より，P店が得。

　　　　　　ウ　全品35％引き，クーポン5％引きの場合

　　　　　　Q店：$A \times (1 - 0.35) \times (1 - 0.05) = 0.6175A$ より，P店が得。

第6章　中学校での実践　107

2 展開例

(1)問題1を個人で考え，全体で共有する

問題1を提示し，どちらの店が得だと思うか予想させます。
　ア　P店　　イ　Q店　　ウ　どちらも同じ
次に，個人で考える時間をとります。
S1　40％＝30％＋10％引きだから，どちらも同じ。
S2　P店：3000×（1－0.4）＝1800円
　　　Q店：3000×（1－0.3）＝2100，2100×（1－0.1）＝1890円
　　　だから，P店の方が90円得。
S3　P店：3000×（1－0.4）＝1800円（S2と同じ）
　　　Q店：3000×（1－0.3）×（1－0.1）＝1890円（S2を1つの式に）
　　　だから，P店の方が90円得。

続いて，S1，S2，S3の考えを発表させるとともに，小学校での学びを振り返って（基準量）×（割合）＝（比較量）を全体で確認します。また，テープ図や線分図などをかいている生徒を指名し，その図も全体で共有します（下はP店の割引を表す図の例）。

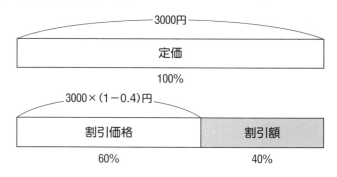

(2) 30％＋10％＝40％とする誤りの理由を，グループ・全体で共有する

問題１の正解を全体で確認した後に，割合の理解を深めるために，「30％＋10％＝40％」とする誤った考えを取り上げて，次の発問をします。

T　なぜ，Q店の割引率を30＋10＝40％引きと考えてはいけないのか？
S１　40％の基準量と30％，10％の基準量が違うからかな？
S２　40％や30％の基準量は3000円だけど，10％の基準量は2100円。
S３　10％の基準量が低いから，Q店の方が割引額の合計が低いんだね。
S４　Q店の割引を図で表すと，次のようになるね。

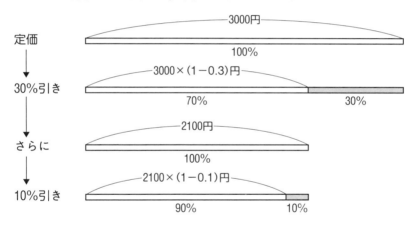

S１〜S４の考えを全体で共有するとともに，割合（％）を考えるときは，基準量（100％）が何かを意識することが重要であることを強調します。

(3) 問題２を個人で考え，全体で交流する

S１　定価が5000円の場合を考えると，
　　　P店：5000×(1－0.4)＝3000円
　　　Q店：5000×(1－0.3)×(1－0.1)＝3150円
　　　だから，P店の方が150円得。

第6章　中学校での実践　109

S2　定価を A 円とする。

　　　P店：$A \times (1 - 0.4) = 0.6A$ 円

　　　Q店：$A \times (1 - 0.3) \times (1 - 0.1) = 0.63A$ 円

　　　よって，定価がいくらであっても，P店の方が（0.03A 円）得。

　具体的な数値で計算したS1の考えと，文字を使ったS2の考えを発表させるとともに，文字を使えば，任意の値の場合が調べられることを共有します。また，(2)で考えた基準量の違いからも，定価にかかわらずP店の方が得であることがわかることを全体で確認します。

(4)問題3を個人で考え，グループ・全体で共有する

S1　（解答例ア）

S2　（解答例イ）

S3　（解答例ウ）

S4　全品25%引き，クーポン20%引きの場合

　　　Q店：$A \times (1 - 0.25) \times (1 - 0.2) = 0.6A$ 円だから，どちらも同じ。

　例えば，S1～S4のような考えをグループで交流し，その後全体で共有します。そのうえで，気づいたことはないかを問い，全品の割引率とクーポンの割引率を逆にしても割引価格は同じであること，「a %引きのさらに b %引き」として $a + b = 40$ になるどんな組み合わせでもP店の方が得になること等を扱います。

(5)振り返る

　本時を振り返り，改めて次の2点を確認して授業を終了します。

　・割合の問題を考えるときは，基準量を意識すること

　・文字を使うと，どんな場合でも説明できること

3 実践を進めるにあたって

(1)指導上の留意点

　本時で扱う問題は「割合の割合」を考える PP タイプです。「割合の割合」を考える場合には、前者の「割合」と後者の「割合」の基準量が異なることに注意して、問題を解決することが重要です。ここでの問題解決を通して、割合の理解を深めることが期待できます。

　一方で、問題1のP店の割引について、理解が十分でない生徒がいる可能性もあります。その場合は、小学校の学習を振り返り、「く・も・わ」などの簡便法に頼らず、（基準量）×（割合）＝（比較量）の意味を理解したうえで活用できるようにすることが重要です。

(2)他の問題設定・展開例

　小学校の内容を振り返る意味で、問題1を設定しましたが、いきなり問題2を提示することも考えられます。また、問題3では、Q店の割引率を変更する場合を調べる問題としましたが、P店も含めて自由に変更する場合を調べる問題とすることも考えられます。

　また、問題3で、割引きの内容をもう1つ増やして、例えば、次のような場面を設定することも考えられます。

S5　全品20%引き、さらにクーポン10%引き、さらにタイムセールで10%引きの場合

　　Q店：$A \times (1-0.2) \times (1-0.1) \times (1-0.1) = 0.648A$ だから、P店の方が得。

　この結果を解答例イと比較することを通して、割引きのステップを細かく分けるほど、割引率は低くなることについて触れることができます。

第4節　選挙の得票率
（中2・連立2元1次方程式）

1　実践の概要

(1)単元における位置づけ

　本実践は，中2の単元「連立方程式」における活用として，この単元の最後の時間で実践することを想定しています。

(2)本実践の目標

割合の目標
●割合を題材とする連立方程式の問題を解決することを通して，割合や比についての理解を深め，割合を活用して問題を解決する力を伸ばす。

単元に関わる目標
●割合を題材とする連立方程式の問題を解決することを通して，連立方程式を活用して問題を解決することができる。　　[第2学年／A　数と式(2)]

(3)実践で扱う問題 (平等他, 2023)

> 　中学校の生徒会選挙で，AさんとBさんの2人が立候補して選挙が行われました。途中の段階では，2人の得票率はAさん75％，Bさん25％でしたが，そこから2人に45票ずつ入り，最終的な得票率はAさん60％，Bさん40％でした。2人の最終的な得票数を求めなさい。

割合を題材とする連立方程式の活用問題であり，文字の置き方や関係式の
つくり方で，様々な連立方程式をつくることができます。特に，比例式を用
いた連立方程式が容易に立式できるように設定しています。この問題を解決
することを通して，割合や比について理解を深め，割合を活用した問題解決
力を伸ばすことをねらいとしています。

（解答例1／比例式を用いた連立方程式）

　最終のAさんの得票数を x 票，Bさんの得票数を y 票とすると，

（ア）$\begin{cases} (x-45):(y-45)=75:25 \\ x:y=60:40 \end{cases}$ これを解くと，$\begin{cases} x=90 \\ y=60 \end{cases}$

　よって，Aさんは90票，Bさんは60票

（解答例2／得票率の関係を用いた連立方程式）

　最終のAさんの得票数を x 票，Bさんの得票数を y 票とすると，

（イ）$\begin{cases} x-45=3(y-45) \\ x=1.5y \end{cases}$ これを解くと，$\begin{cases} x=90 \\ y=60 \end{cases}$

　よって，Aさんは90票，Bさんは60票

上記の解答例1，解答例2を組み合わせた（ウ）や（エ）の連立方程式を
つくって求めることも可能です。

（ウ）$\begin{cases} (x-45):(y-45)=75:25 \\ x=1.5y \end{cases}$ （エ）$\begin{cases} x-45=3(y-45) \\ x:y=60:40 \end{cases}$

（解答例3／第2用法を用いた連立方程式）

　途中の全体票数を x 票，最終の全体票数を y 票とすると，

（オ）$\begin{cases} x+90=y \\ 0.75x+45=0.6y \end{cases}$ これを解くと，$\begin{cases} x=60 \\ y=150 \end{cases}$

　よって，Aさんは $150×0.6=90$ 票，Bさんは $150×0.4=60$ 票

（オ）の代わりに，次の（カ）の連立方程式でも同様に求められます。

（カ）$\begin{cases} 0.75x+45=0.6y \\ 0.25x+45=0.4y \end{cases}$

上記の解答例1と解答例2は，比較量にあたる得票数を文字で表して式を

つくっています。比較量を文字で表した場合，第3用法を用いたり，解答例2のように基準量の等しい2つの割合の関係を考えて方程式をつくったりする必要があり，立式が容易ではありません。しかし，比例式を用いると，解答例1のように数量の関係が捉えやすく，簡潔に表現することができます。このように，解答例1と解答例2を比較することを通して，比例式のよさについての理解を深め，比例式も割合に関する問題解決の有力な解決方法であることが実感できます。

　解答例3は，基準量にあたる全体票数を文字で表し，連立方程式をつくっています。基準量を文字で表すことで第2用法を用いることができ，解答例2の場合より簡単に方程式をつくることができます。解答例1〜解答例3を比較することを通して，文字の置き方で様々な方程式を立式できることや，文字の置き方によって立式の容易さが異なることなど，連立方程式についての理解を深めることも期待できます。

2　展開例

(1)問題の提示

　まず，イラストや情景図等を活用しながら，場面把握ができるように問題を提示します。

(2)個人で考える

　次に，個人で考える時間をとります。解決に際しては，式だけでなく，自分の考えを説明するための図や表をかくように促します。

S1　最終のAさん，Bさんの得票数を x 票，y 票とすると，途中の得票率
　　の比は75：25，最終の得票率の比は60：40だから，連立方程式は，

$$\begin{cases} (x-45):(y-45)=75:25 \\ x:y=60:40 \end{cases}$$ これを解くと，$\begin{cases} x=90 \\ y=60 \end{cases}$

だから，Aさんは90票，Bさんは60票。

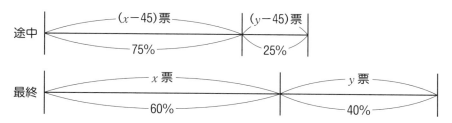

S2　最終のAさん，Bさんの得票数をx票，y票とすると，途中のAさんの得票率75%はBさんの得票率25%の3倍で，最終のAさんの得票率60%はBさんの得票率40%の1.5倍だから，連立方程式は，

$\begin{cases} x-45=3(y-45) \\ x=1.5y \end{cases}$　これを解くと，$\begin{cases} x=90 \\ y=60 \end{cases}$

だから，Aさんは90票，Bさんは60票。

S3　途中の全体票数をx票，最終の全体票数をy票とすると，全体票数の途中と最終の関係は$x+90=y$で，Aさんの得票数の途中と最終の関係は$0.75x+45=0.6y$になるから，連立方程式は，

$\begin{cases} x+90=y \\ 0.75x+45=0.6y \end{cases}$　これを解くと，$\begin{cases} x=60 \\ y=150 \end{cases}$

だから，Aさんは$150 \times 0.6 = 90$票，Bさんは$150 \times 0.4 = 60$票。

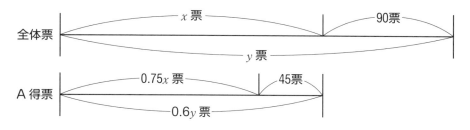

(3)仲間と交流する

S1　途中と最後の段階での得票数と得票率で比例式をつくればいいんだね。

S2 途中では，Aさんが75%，Bさんが25%だから，AさんはBさんの3倍の得票率であり，得票数であると考えればいいんだね。

S3 個人の得票数ではなく，全体の票数を文字で表せば，かけ算で立式できるから楽だね。

(4)全体で交流する

　(2)のS1～S3の考えが出た場合には，最初にS2の考えを発表させます。この立式は，基準量の等しい2つの割合の関係を考えるため，線分図や表などを取り上げながら，丁寧に扱うことが重要です。

　次に，S1のような比例式を用いた考えを発表させます。ここでも，数量関係を把握するために，図と式を対比させることが重要です。また，S1とS2の式を比較して，比例式 $x : y = 60 : 40$ を変形すると $x = 1.5y$ になることを通して，2つの式の見た目は異なっていても，表していることは同じであることについて触れます。

　最後に，S3の考えを発表させます。この方法は，第2用法を用いるので立式は容易にできますが，何の量を文字で置くかが重要であり，その点について丁寧に説明する必要があります。

(5)授業のまとめと振り返り

　授業の中で発表された(2)のS1～S3の考え方を，文字で表す対象と解決方法の関係の2つの視点で分類し，それぞれのよさについて話し合います。

T それぞれの考え方で，似ているところと違うところを考えましょう。また，それぞれの解き方のよさはどんなところでしょうか。

S1 S1の考えは比例式を用いていて，立式が容易だと思います。

S2 S3の考えは，（比べる量）＝（もとにする量）×（割合）を使うので，立式が比較的簡単だと思います。

S3 S2の考えは，割合の関係に着目すれば立式することができます。

　これらの意見をもとに，「得票数（比較量）の比が得票率（割合）の比に

等しい」ことを表す比例式をつくったことを確認して，比例式のよさを強調します。また，連立方程式の活用問題では，求める量を文字で表す以外にも別の量を文字で表す方法があり，文字の置き方で立式のしやすさが異なることを確認したうえで，文字で表す対象と立式のしやすさを見通しながら，問題解決の方針をたてるとよいというまとめにつなげます。

最後に，「次に似たような問題を解くなら，どの方法を使いたいか」という視点で授業感想を書かせ，授業を終えます。

3 実践を進めるにあたって

(1)指導上の留意点

小6や中1で扱ってきた比例式 $a:b=c:d$ の a〜d は，同種の量であることが一般的ですが，本時で扱う比例式 $a:b=p:q$ は，a, b は同種の2量（比較量）であるのに対して p, q はそれぞれの割合になっています（第5章4節参照）。最初は戸惑う生徒もいるかもしれませんが，比較量と割合が比例関係にあることに触れ，比例式が成り立つことを扱うことが重要です。

また，比例式の解き方を忘れている場合は，小6や中1での学びを振り返り，内項の積と外項の積が等しいこと等の確認を行うことも重要です。

(2)他の問題設定・展開例

解答例1〜解答例3以外にも，例えば次の方法が考えられます。

最終の2人の得票数を x 票，y 票とすると，

(キ) $\begin{cases} 0.6(x+y)-45=0.75(x+y-90) \\ x:y=60:40 \end{cases}$ (ク) $\begin{cases} x+y=x \div 0.6 \\ x+y-90=(x-45)\div 0.75 \end{cases}$

授業で実際に出た生徒の反応を大切にしながら，授業を展開していくことが大切です。

第5節　お土産の売上金額
（中3・簡単な多項式）

1　実践の概要

(1)単元における位置づけ

　本実践は，中3の単元「簡単な多項式」における活用として，この単元での最後の時間で実践することを想定しています。

(2)本実践の目標

　割合の目標
●割合の意味を確認するとともに，「割合の割合」を考える問題の解決を通して，割合についての理解を深め，割合を活用する力を伸ばす。

　単元に関わる目標
●式の展開を利用して数量の関係を捉え，文字を用いた式の表す意味を読み取り，説明することができる。　　　　　　　［第3学年／A　数と式(2)］

(3)実践で扱う問題（杉山他，2022）

　【問題1】　ある観光名所の名物お土産品の売上金額は，9月は8月に比べて20%減少しましたが，10月は9月に比べて20%増加しました。8月と10月は，売上金額が同じと考えてよいでしょうか。
　【問題2】　問題1で，20%をx%に変えたら結果はどうなるでしょうか。
　【問題3】　問題2で，「減少」を「増加」に，「増加」を「減少」に変え

たらどうなるでしょうか。

　問題1は，8月と10月の売上金額を比べる PP タイプの増減型です。「20%減少して20%増加する」というように，一見すると売上金額が「どちらも同じ」と生徒が感じられるように数値を設定します。

（解答例）　8月の売上金額を a 円とする。

　　　　　9月：$a \times (1 - 0.2) = 0.8a$ 円

　　　　　10月：$0.8a \times (1 + 0.2) = 0.8a \times 1.2 = 0.96a$ 円

　　　　　よって，売上金額は異なり10月の方が0.04a 円少ない。

　問題2は，文字を用いて計算し，結果を比較する問題です。基本的には問題1と同様に考えますが，x %を $\frac{x}{100}$ と表すことや，x %減少した割合を $\left(1 - \frac{x}{100}\right)$，$x$ %増加した割合を $\left(1 + \frac{x}{100}\right)$ と表すことを通して，割合を文字式で表現できるようにするとともに，多項式の展開を用いて，x の値にかかわらず結果が同じになることを説明させることをねらいとしています。

（解答例）　8月の売上金額を a 円とする。

　　　　　9月：$a \times \left(1 - \frac{x}{100}\right) = a\left(1 - \frac{x}{100}\right)$ 円

　　　　　10月：$a\left(1 - \frac{x}{100}\right) \times \left(1 + \frac{x}{100}\right) = a\left(1 - \frac{x^2}{10000}\right) = \left(a - \frac{ax^2}{10000}\right)$ 円

　　　　　よって，x の値にかかわらず売上金額は異なり，10月の方が $\frac{ax^2}{10000}$ 円少ない。

　問題3は増減の順序を入れ替えたもので，「基準量が変わるから異なる結果になるのではないか」と考える生徒がいることを想定しています。実際は積の交換法則が成り立つため，結果は同じです。そのことを，文字を用いて一般的に説明させることをねらいとしています。

（解答例）　8月の売上金額を a 円とする。

　　　　　9月：$a \times \left(1 + \frac{x}{100}\right) = a\left(1 + \frac{x}{100}\right)$ 円

　　　　　10月：$a\left(1 + \frac{x}{100}\right) \times \left(1 - \frac{x}{100}\right) = a\left(1 - \frac{x^2}{10000}\right) = \left(a - \frac{ax^2}{10000}\right)$ 円

第6章　中学校での実践　119

よって，問題2と同様に，10月の方が$\frac{ax^2}{10000}$円少ない。

2 展開例

(1)問題1を個人で考え，全体で共有する

問題1を提示し，「ア　8月と10月は同じ　　イ　8月の方が少ない　ウ　10月の方が少ない」から結果を予想させます。

次に，ア～ウを選んだ理由を個人で考える時間をとります。

S1　20%減って20%増えたから，どちらも同じ。

S2　8月の売上金額を1000円とすると，

　　　9月：1000×（1－0.2）＝800円

　　　10月：800×（1＋0.2）＝960円

　　　だから，8月と10月の売上金額は異なり，10月の方が少ない。

S3　8月の売上金額をa円とすると，

　　　9月：a×（1－0.2）＝0.8a円

　　　10月：0.8a×（1＋0.2）＝0.8a×1.2＝0.96a円

　　　だから，8月と10月の売上金額は異なり，10月の方が少ない。

続いて，S1，S2，S3の考えを発表させます。そのうえでS3の文字を使った考え方には一般性があるというよさを全体で共有します。

(2)20%減って20%増えたらもとに戻るとしてはいけない理由を考える

問題1の正解を全体で確認した後に，割合の理解を深めるために，「20%減って20%増えたらもとに戻る」とする誤った考えを取り上げて，次の発問をします。

T　　「20%減って20%増えたらもとに戻る」と考えてはいけない理由を，

どのように説明しますか。

S1 「20%減少」の基準量は8月の売上金額，「20%増加」の基準量は9月の売上金額で，基準量が違うからだよ。

S2 8月の売上金額よりも9月の売上金額の方が少ないから，同じ20%でも10月の売上金額の方が低くなるんだね。

S3 基準量の違いを図に表したらわかりやすいよ。

説明のためにテープ図や線分図などをかいているグループを指名し，その図を全体で共有します。

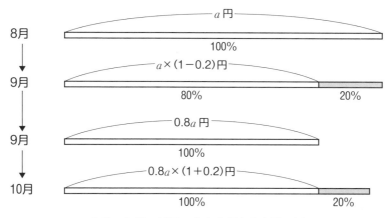

8月，9月，10月の売上金額を表す図の例

S1～S3の考えを全体で共有するとともに，割合（％）を考えるときは，基準量（100％）が何かを意識することが重要であることを強調します。また，8月の売上金額 a 円には一般性があり，8月の売上金額にかかわらず20%減って20%増えると，10月の売上金額の方が少ないことを確認します。

(3) 問題2を個人で考え，全体で交流する

S1 問題1と同じように，8月の売り上げを a 円とすればいいよ。

S2 x ％減る割合，x ％増える割合はどう表したらいいのかな。

S3 x%は$\frac{x}{100}$だから，x%減った割合は$\left(1-\frac{x}{100}\right)$，$x$%増えた割合は$\left(1+\frac{x}{100}\right)$と表せるよ。

S4 8月の売り上げをa円とすると，

9月：$a\times\left(1-\frac{x}{100}\right)=a\left(1-\frac{x}{100}\right)$円

10月：$a\left(1-\frac{x}{100}\right)\times\left(1+\frac{x}{100}\right)=a\left(1-\frac{x^2}{10000}\right)=\left(a-\frac{ax^2}{10000}\right)$円

だから，8月と10月を比べると，10月の売上金額は$\frac{ax^2}{10000}$円だけ少なくなるよ。

S5 つまり8月の売上金額からx%減ってからx%増えると，いつも8月の売上金額より少なくなってしまうんだね。

　ここでも問題1と同様に，「x%減少」と「x%増加」のx%は，基準量が異なることを再確認します。

(4)問題3を個人で考え，グループ・全体で共有する

S1 これも「x%増加」と「x%減少」のx%は，基準量が異なっているよ。

S2 文字式を使って確かめてみよう。

　8月の売り上げをa円とすると，

9月：$a\times\left(1+\frac{x}{100}\right)=a\left(1+\frac{x}{100}\right)$円

10月：$a\left(1+\frac{x}{100}\right)\times\left(1-\frac{x}{100}\right)=a\left(1-\frac{x^2}{10000}\right)=\left(a-\frac{ax^2}{10000}\right)$円

S3 やっぱり8月と10月を比べると10月の方が$\frac{ax^2}{10000}$円少なくなる。

S4 問題2と問題3の式は，かけ算の順番が変わっただけだからね。

　例えば，S1〜S4のような考えをグループで交流し，その後全体で共有します。そのうえで「x%増加してからx%減少する」ことと「x%減少してからx%増加する」ことの結果は同じになること，さらにいずれの場合も8月の売上金額には戻らず，8月より少ない値になること等をまとめます。

(5)振り返る

本時を振り返り，改めて次の２点を確認して，授業を終了します。
・割合の問題を考えるときは基準量を意識すること
・文字を使うとどんな場合でも説明できること

3 実践を進めるにあたって

(1)指導上の留意点

本時で扱う問題は，第３節と同様の「割合の割合」を考える PP タイプです。「割合の割合」を考える場合には，前者の「割合」と後者の「割合」の基準量が異なることに注意して，問題を解決することが重要です。

一方で，問題１の20％減って20％増えることについての理解が十分でない生徒がいる可能性もあります。その場合は図などを使って，同じ20％でも基準量が異なることの実感をもたせる丁寧な指導が重要です。

(2)他の問題設定・展開例

問題２では，生徒の実態に応じて，x ％を30％，40％のような具体的な値として提示し，その後文字で一般化する展開も考えられます。

また，問題２を変更して「ある観光名所の名物お土産品の売上金額は，９月は８月に比べて20％減少しました。10月の売上金額を８月と等しくするためには，10月の売上金額を９月の何％増加させればよいでしょうか」のような，１次方程式の問題を扱う展開も考えられます。

（解答例）　８月の売上金額を a 円，10月の売上金額を９月の x ％増加とする。

９月：$a \times (1 - 0.2) = 0.8a$ 円

10月：$0.8a \times \left(1 + \dfrac{x}{100}\right) = 0.8a\left(1 + \dfrac{x}{100}\right)$ 円

これが a 円に等しいので，$0.8a\left(1 + \dfrac{x}{100}\right) = a$ を解いて，$x = 25$％

コラム

10%値上がりしたら10%節約すればよい？

消耗品等が値上がりした場合は，消費量を節約しようと努力することがあると思います。そのようなとき，例えば料金が10%値上がりしたら，支払総額を同額に抑えるためには消費量を10%節約すればよいでしょうか。

例えば，コピー用紙の単価が10%値上がりした場合について考えてみましょう。

1枚当たりの単価を x 円，月々の消費量を y 枚として，10%の値上がりに対して消費量を10%節約した場合に，月々の支払総額を求めます。

$x \times (1+0.1) \times y \times (1-0.1) = 0.99xy$ 円

$0.99xy < xy$ だから，支払総額は減ることがわかります。

それでは，支払総額を同額にするには，何%節約すればよいでしょうか。

A %節約したときに支払総額が同額になるとすると，

$x \times (1+0.1) \times y \times (1-0.01A) = xy$ より，$A = 100\left(1 - \dfrac{1}{1.1}\right) \fallingdotseq 9.1$

したがって，10%まで節約しなくても約9.1%節約すれば，支払総額を同額に抑えられることがわかります。

20%値上がりした場合についても，同じように調べてみます。

$x \times (1+0.2) \times y \times (1-0.01A) = xy$ より，$A = 100\left(1 - \dfrac{1}{1.2}\right) \fallingdotseq 16.7$

したがって，約16.7%節約すれば，支払総額を同額に抑えられます。

逆に，10%割引になった場合について，同じように調べてみましょう。

$x \times (1-0.1) \times y \times (1+0.01A) = xy$ より，$A = 100\left(\dfrac{1}{0.9} - 1\right) \fallingdotseq 11.1$

したがって，いつもよりも消費量を約11.1%増やしても，支払総額を同額に抑えられることがわかります。

実践編

第7章
高等学校での実践

第1節 家庭学習時間の増減
(数学Ⅰ・データの分析)

1 実践の概要

(1)単元における位置づけ

　本実践は，数学Ⅰの単元「データの分析」をひと通り学んだ後に，単元の活用の1つとして扱うことを想定しています。

(2)本実践の目標

割合の目標
●割合の表現の間違いを検討する活動を通して，％ポイントやP/Pタイプの問題を扱い，割合についての理解を深める。

単元に関わる目標
●進路実態調査のデータをもとにした主張の妥当性について，批判的に考察し判断する力を育成する。　　　　　　　[数学Ⅰ／(4)データの分析イ]

(3)実践で扱う問題

【問題】　令和元年度のF高1年生について，5月に実施した進路実態調査における1日当たりの平均家庭学習時間は，昨年が1.97時間，今年が1.67時間で，0.3時間減りました。一方，1日当たりの平均メディア使用時間は，昨年が1.04時間，今年が1.68時間で，0.64時間増加しています。この結果から，学校では次のように主張しています。

126

「特に180分以上240分未満の階級を見てみると，昨年に比べて今年は，平均家庭学習時間が11.5%（＝24.0－12.5）減少している一方，平均メディア使用時間は10.6%（＝14.6－4.0）増加している。だから，もっと課題を与えた方がよい」

　この主張は正しいと言えるでしょうか。

1日当たりの平均家庭学習時間（進路実態調査より）

階級	平成30年度		令和元年度	
	度数	相対度数	度数	相対度数
0分以上60分未満	18	6.5%	38	13.6%
60分以上120分未満	62	22.5%	84	30.0%
120分以上180分未満	121	44.0%	115	41.1%
180分以上240分未満	66	24.0%	35	12.5%
240分以上300分未満	7	2.5%	8	2.9%
300分以上360分未満	1	0.4%	0	0.0%
計	275	100%※	280	100%※

※丸めのため各階級の合計は正確に100%にはならない。

1日当たりの平均メディア使用時間（進路実態調査より）

階級	平成30年度		令和元年度	
	度数	相対度数	度数	相対度数
0分以上60分未満	104	37.8%	31	11.1%
60分以上120分未満	110	40.0%	81	28.9%
120分以上180分未満	50	18.2%	127	45.4%
180分以上240分未満	11	4.0%	41	14.6%
240分以上300分未満	0	0.0%	0	0.0%
300分以上360分未満	0	0.0%	0	0.0%
計	275	100%	280	100%

問題は，学校の主張の判断を，小・中のデータの活用領域や，数学Ⅰ「データの分析」でこれまでに学習してきた表，グラフ，基本統計量などのデータ分析を通して，主張の妥当性について批判的に考察する力を育成するとともに，「平均家庭学習時間が11.5％（＝24.0－12.5）減少」「平均メディア使用時間は10.6％（＝14.6－4.0）増加」の表現の誤りに気づき，P/Pタイプや％ポイントの問題を理解し解決できることをねらいとしています。なお，他に資料として，F高の実際の代表値，標準偏差，相関係数等を準備します。

　（解答例１）　統計量等を活用して批判的に考察する意見

ア　中央値，最頻値を比べると，平均メディア使用時間はいずれも増えている（１時間から２時間）一方で，平均家庭学習時間はいずれも変わりなく（２時間），必ずしも主張は正しいとは言えない。

イ　標準偏差を比べると，平均メディア使用時間は差がある（41.49時間→47.44時間）一方で，平均家庭学習時間は差は少なく（53.14時間→52.54時間），必ずしも主張は正しいとは言えない。

ウ　相関係数を比べると，令和元年の平均家庭学習時間と平均メディア使用時間に相関は見られず（$r = -0.03$），必ずしも主張は正しいとは言えない。

　（解答例２）　「11.5％減少」「10.6％増加」の表現に対する意見

エ　「平均家庭学習時間が11.5％（＝24.0－12.5）減少，平均メディア使用時間は10.6％（＝14.6－4.0）増加」とある部分は，正しくは次のように表現すべきである。

　平均家庭学習時間は，$\frac{24.0 - 12.5}{24.0} \fallingdotseq 0.48$より約48％減少

　平均メディア使用時間は，$\frac{14.6 - 4.0}{4.0} = 2.65$より265％増加

2　展開例

(1)問題を提示し，個人で考え，グループ・全体で共有する

問題を提示し，まずは学校の主張の正誤を予想させます。

　ア　正しい　　　　イ　正しくない　　　　ウ　どちらとも言えない

　次に，資料として，家庭学習時間とメディア使用時間のそれぞれの度数分布表，ヒストグラム，箱ひげ図，散布図，平均値，中央値，最頻値，四分位数，分散，標準偏差，および両者の共分散，相関係数を提示したうえで，個人で考える時間をとります。

S1　平均家庭学習時間が1.97時間から1.67時間に減り，平均メディア使用時間が1.04時間から1.68時間に増えているから主張は正しい。

S2　ヒストグラム，箱ひげ図をみても，平均家庭学習時間の減少と平均メディア使用時間の増加の様子が読み取れるから，主張は正しい。

S3　（解答例ア）　　　　S4（解答例イ）　　　　　S5（解答例ウ）

　続いて，S1〜S5のような意見をグループで共有したうえで，S3〜S5の「一面的な見方で切り取ってデータ分析するのではなく，多角的にデータを分析して判断しなければいけない」と批判的に考察しているグループの意見を取り上げ，全体で共有します。

(2)「11.5％減少」，「10.6％増加」の表現の誤りを検討する

　(1)の段階では，解答例エに気づかないことが予想されます。そこで，次の発問をします。

T　「24％−12.5％＝11.5％だから11.5％減少」「14.6％−4.0％＝10.6％だから10.6％増加」という表現は正しいだろうか？

S1　何がおかしいの？　正しくない？

S2　24％から11.5％減少したら，0.24×（1−0.115）＝0.2124となって，12.5％にはならないよ。

S3　4.0％から10.6％増加したら，0.04×（1＋0.106）＝0.04424となって，やはり，14.6％にはならないね。

　S1〜S3のような意見を共有したうえで，正しくは何％減少，何％増加

になるかを個人で考えさせ，その後全体で共有します。

S4　（解答例エ）

なお，相対度数の増減ではなく，度数の増減に着目して次のように計算する生徒もいるかもしれません。

平均家庭学習時間　　$\dfrac{66-35}{66} ≒ 0.47$より 約47％減少

平均メディア使用時間　$\dfrac{41-11}{11} ≒ 2.73$より 約273％増加

この場合は，180分以上240分未満の階級の「度数」の増減を表しています。解答例エは，180分以上240分未満の階級の「相対度数」の増減を表していて，2つの意味は微妙に異なることに留意する必要があります。

(3)振り返る

本時を振り返り，データの分析の際には，与えられた数値に惑わされることなく，「批判的に考察し，判断すること」が重要であることを改めて強調します。

また，割合の問題を考えるときは，「基準量を意識すること」が重要であり，特に本節で扱ったP/Pタイプの問題のように，割合をもとにした割合を考える場合は，割合が基準量になることを確認します。

あわせて，％の増減を差で表現した「％ポイント」という単位があることを示して，それを使えば割合の差を計算して「11.5 ％ポイント減少」「10.6 ％ポイント増加」と表現できることについても扱います。さらに，「％ポイント」は，選挙の投票率や内閣の支持率など，日常生活の中でも活用されていることに触れることで，生徒の興味・関心をもたせることが大切です。

3　実践を進めるにあたって

(1) 指導上の留意点

　本時の展開(1)の「個人で考え，グループで共有する」場面で，最初から（解答例エ）のような考えを出す生徒がいることも考えられます。その場合には，全体での共有は，(1)のＳ１～Ｓ５のような意見を先に発表させたうえで，続けて(2)のＳ４，すなわち解答例エのような考えを全体で共有するようにします。その際には，なぜ差で考えてはいけないかについて考えさせることが重要です。

　また，％と％ポイントとの違いについて理解を深めるために，他の例をあげてもよいでしょう。例えば，世論調査における内閣支持率が50％から70％に上昇した場合，「70－50＝20より20％ポイント増加した」と表現するか，「$\frac{70-50}{50}=0.4$より40％増加した」と表現することについて扱います。

(2) 他の問題設定・展開例

　本時の展開では，資料として散布図等を提示していますが，コンピュータアプリなどを活用して，生徒に計算・作成させることも考えられます。

平均家庭学習時間と平均メディア使用時間の散布図

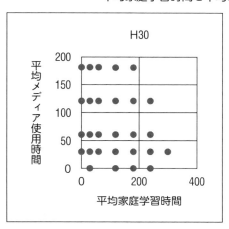 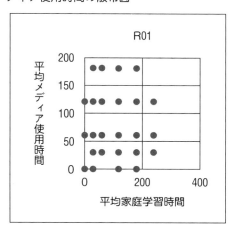

第2節　新幹線の乗車率
（数学Ⅰ・課題学習）

1　実践の概要

(1)単元における位置づけ

　本実践は，高校1年生を対象に「課題学習」として数学Ⅰ「データの分析」の内容を日常生活と関連付けて扱うことを想定しています。

(2)本実践の目標

　割合の目標
● 「割合の異なる2つの量を混合する計算（混合タイプ）」や「P/Pタイプ」「％ポイント」を考える問題の解決を通して，割合についての理解を深め，割合を活用する力を伸ばす。

　単元に関わる目標
●統計的な知識等を活用して，箱ひげ図から読み取れる情報と日常事象における意味とを関連付け，問題を解決する力を伸ばす。

［数学Ⅰ／(5)課題学習］

(3)実践で扱う問題

　ある新幹線の自由席の乗車率は35%で，指定席の乗車率は20%です。ただし，自由席の座席数は，指定席の半分とします。
【問題1】　自由席と指定席では，どちらの乗客が多いですか。

【問題2】　自由席と指定席を合わせた新幹線全体の乗車率は何%ですか。図や式などを使って説明しましょう。

【問題3】　日曜日の最大乗車率は先週が120%，今週は90%でした。先週の最大乗車率を基準にすると，今週の最大乗車率は何%減少しましたか。

　新幹線の乗車率は，長期休暇における帰省ラッシュ時にニュースで取り上げられる身近な話題です。乗車率が100%を超える場合の意味について考えることで，基準量に着目しやすい題材と言えます。

　問題1は，2つの座席の乗車率をもとに乗客数が多いのはどちらか判断する問題です。乗車率が高くても，基準量（座席数）によって乗客数が少なくなる状況があることを，文字や図を用いて説明できるようにします。

（解答例ア）　自由席の座席数を x とすると，指定席の座席数は $2x$ なので，

自由席：$x \times 0.35 = 0.35x$，指定席：$2x \times 0.20 = 0.40x$

$0.35x < 0.40x$ より，指定席の乗客の方が多い。

　問題2は，割合の異なる2つの量を混合する「混合タイプ」の問題です。2つの割合を混合する際には，単純に割合同士をたせばよいわけではなく，たし合わせた後の基準量が何かに着目することが大切です。

（解答例イ）　自由席の座席数を x とすると，指定席の座席数は $2x$ となる。

全体の座席数は $x + 2x = 3x$，

全体の乗客数は $0.35x + 0.40x = 0.75x$

よって，$\dfrac{0.75x}{3x} = 0.25 = 25\%$

　問題3は，割合をもとにした割合を考える「P/Pタイプ」の問題です。120%から90%まで減少する場合，単純に $120 - 90 = 30\%$ の減少と考えてしまいがちですが，先週の最大乗車率を基準にするので，これは誤りです。第1章2節4で述べたように，「%ポイント」という表現を使って，「30%ポイント減少する」と答えれば正しくなります。

（解答例ウ）　先週の最大乗車率をもとにすると，$\dfrac{120-90}{120} = 0.25$ より，25%の減少である。

第7章　高等学校での実践　133

2 展開例

(1)問題の場面設定を全体で共有する

　ある1週間の6時から23時の1時間ごとのある割合を表した箱ひげ図を提示し，何を表すグラフか予想させます。土曜日と日曜日に割合が大きくなっていることや100%を超えていること等を手がかりに乗車率だと気づかせます。乗車率が100%を

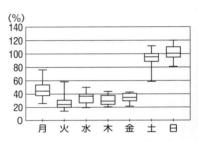

超えるのは席に座れない人がいる状態であることから，乗車率とは「座席数に対する乗車した人数の割合」であることを全体で共有します。

(2)問題1を個人で考え，全体で共有する

　問題1を提示し，まずは自由席か指定席かを直感で予想させます。
　次に，個人で考える時間をとった後，全体で共有します。
S1　乗車率が大きいから自由席の方が多いよ。
S2　指定席の座席数は自由席の半分だから，乗車率は実質2倍になるよ。
T 　図や式を使って説明してみよう。
S3　例えば自由席が100席だと，指定席は200席だから，乗客数は自由席100×0.35＝35，指定席200×0.20＝40となり指定席が多い。
S4　(解答例ア)
S5　図を使って考えると，指定席の方が多いことがわかるよ。

自由席 ●●●◐○○○○○○　　●●○○○○○○○○ 指定席
　　　　　　　　　　　　　　●○○○○○○○○○

　S3の考えだけでなく，文字や図を用いたS4，S5の考えも共有します。

134

(3)問題2を個人で考え，グループで交流する

S1 　35％と20％をたして55％だよ。

S2 　35％と20％をたして2でわって27.5％かな？

S3 　同じ座席数にそろえたうえで2でわって，$\frac{35+40}{2}=37.5$（％）では？

S4 　例えば自由席が100席だとすると，指定席は200席だから，これらをたすと$\frac{35+40}{100+200}=\frac{75}{300}=0.25$。よって，25％になるよ。

S5 　（解答例イ）

　ここでは，S2やS3のような考えをもつ生徒が多く，意見が分かれることが予想されます。そこで，グループで交流し，発表する時間を設けます。

S6 　35％のもとにする量は自由席の座席数で，20％のもとにする量は指定席の座席数だから，そのままたしちゃだめだよね。

S7 　求める全体の乗車率のもとにする量は，全体の座席数になるね。

S8 　$\frac{(自由席の乗客数)+(指定席の乗客数)}{(自由席の座席数)+(指定席の座席数)}$ってことだから，20％から35％の間になるはずじゃない？

S9 　もとにする量が，自由席は3倍に，指定席は$\frac{3}{2}$倍になるから，

　　$35\times\frac{1}{3}+20\times\frac{2}{3}=\frac{35+40}{3}=25$％ になるよ。

　S1～S3の考えが誤りである理由を全体で共有するとともに，割合（％）を考えるときは，基準量（100％）を意識することが大切であるということ

を強調します。他にも，Ｓ9の「$35 \times \frac{1}{3} + 20 \times \frac{2}{3} = 25\%$」の式のみを全体に示して「この式は何を意味しているのか？」と発問し，図や言葉を用いた説明をさせることで，割合の意味理解を深めることができます。

(4)問題3を個人で考え，全体で共有する

Ｓ1　ひき算して120−90＝30％の減少だよね。

Ｓ2　でも「先週の最大乗車率を基準にすると」ってあるよ。先週の乗客率の120％の30％減少だと120×（1−0.3）＝84％じゃない？

Ｓ3　確かに。120−90＝30％の減少だから，先週の最大乗車率の120％をもとにすると$\frac{30}{120}$を計算するのかな。

Ｓ4　（解答例ウ）

　Ｓ1のようにひき算をすればよいと考える生徒が多いことが予想されます。「先週の乗車率を基準にすると」という表現に着目して，Ｓ4の正しい考えを全体で共有します。また，Ｓ1の誤った考えを取り上げながら，「％ポイント」という表現があることを示して，この表現を使うと「今週の乗車率は30％ポイント減少した」と答えてもよいことを扱います。「％ポイント（単にポイントということも少なくない）」は，選挙の投票率，内閣の支持率の変化や株価の変動などで度々扱われることに触れながら，「何％減少したか」「何％ポイント減少したか」の違いにより答え方が異なることを確認します。

　また，先週と今週で乗車定員が同じ場合には，最大乗車率を記録したときの乗客数は，乗車率の場合と同様に，先週に比べて今週は25％減少したことになります。生徒の実態に応じて，このことに触れてもよいでしょう。

(5)振り返る

　本時の学習を振り返り，「割合を考えるときにはもとになる量が何かを明確にすること」，「図や文字を用いた説明のよさ」，「日常の多くの場面で割合が使われていること」を確認して，授業を終えます。

3 実践を進めるにあたって

(1)指導上の留意点

本時で扱った問題は，国立教育政策研究所（2013）が高校２年生を対象に実施した「特定の課題に関する調査」に出題されたものを参考にしています。この調査において，問題１で正しい説明ができた割合は40.1％でした。問題２は５択の選択式の出題にもかかわらず，通過率は43.8％でした。このように，高校生であっても割合の理解や説明には課題があることがわかります。日々の授業においても，割合が出てきたときに理解できている前提で進めず，丁寧に扱うことが重要です。

その点を踏まえて，本実践ではただ答えが合うかどうかではなく，グループ活動などを通して，図や言葉を使って適切に説明できることに重きを置きました。特に問題２は意見が分かれやすいため，他者に対して図や言葉を用いた説明をする機会を通して，割合の理解を深めることが期待できます。

(2)他の問題設定・展開例

導入場面では，小学校の割合で学んだ第１〜３用法を振り返る機会として，以下のような問題を扱うことも考えられます。
・座席が200席で乗客数が86人のとき，乗車率は何％か？（第１用法）
・座席が150席で乗車率が60％の電車では乗客数は何人か？（第２用法）
・乗客数が50人で乗車率が40％だった。座席数はいくつか？（第３用法）

また，他の問題設定として「指定席は全体の65％，グリーン車は指定席の45％のとき，グリーン車は全体の何％ですか」とすれば，PPタイプの全体部分型の問題になります。他にも，問題１で座席数を設定し，「座席数が何席以上のときに自由席の方が乗客は多くなりますか」という形で問えば，数学Ⅰの１次不等式の単元の問題として位置づけることもできます。

第3節　平均合格率
（数学Ⅰ・課題学習）

1　実践の概要

(1)単元における位置づけ

本実践は，数学Ⅰ「データの分析」の内容に関連した課題学習を想定しています。

(2)本実践の目標

割合の目標
●母集団における割合と母集団を分割した集団における割合を考える活動を通して，基準量に注意して問題解決することの重要性を理解する。

単元に関わる目標
●データを批判的に考察して判断しようとする態度を養う。

［数学Ⅰ／(5)課題学習］

(3)実践で扱う問題

【問題】　X塾，Y塾の昨年のA大学，B大学の合格率は表の通りでした。

	A大学	B大学	平均合格率
X塾	20%	30%	
Y塾	18%	26%	

2大学の平均合格率はX塾とY塾でどちらが高くなるでしょうか。

138

A大学とB大学を合わせた合格率を考える混合タイプの問題です。「平均合格率」という表現はあまり使われないかもしれませんが，両大学を合わせた総受験者数に対する総合格者数の割合を指します。どちらの大学も，X塾の方がY塾より高くなっていますが，A大学とB大学を合わせた場合に平均合格率が同じ大小関係になるとは限りません。基準量である受験者数が提示されていないため，それぞれの合格者数は不明であり，平均合格率は求められない状況ですが，直感的にはX塾の方が高くなると考えてしまう生徒は少なくないと予想されます。ここでは受験者数を具体的に設定し，合格者数を計算してから平均合格率を求める活動を想定しています。

（解答例）　受験者数によって，平均合格率の高低は異なる。

ア　4つの集団の受験者数がすべて同じ場合，平均合格率はX塾が25％，Y塾が22％になり，X塾の方が高い。

イ　X塾のA大学，B大学の受験者数が400人，100人，Y塾のA大学，B大学の受験者数が100人，300人の場合，平均合格率は次の通りとなり，Y塾の方が高い。

$$X塾：\frac{400 \times 0.2 + 100 \times 0.3}{400 + 100} = 0.22 = 22\%$$

$$Y塾：\frac{100 \times 0.18 + 300 \times 0.26}{100 + 300} = 0.24 = 24\%$$

2　展開例

(1)問題の提示

　「平均合格率とは何か」と疑問をもつ生徒がいることが予想されるので，この意味を確認したうえで，X塾とY塾のどちらが高いかを予想させます。

S1　X塾は25％，Y塾は22％になるから，X塾ではないか？

S2　A大学もB大学も，X塾の方が合格率が高いから，平均合格率もX塾の方が高いのではないか？

第7章　高等学校での実践　139

S3　受験者数によって，平均合格率は異なってくるのではないか？

(2)予想の共有と具体例の考察

　続いて，(1)のS1～S3の考えを全体で共有してから次の発問をします。
T　　それでは，それぞれの受験者数を自分で適当に設定して，平均合格率がどのようになるか調べてみよう。

S1

	A大学 受験者／合格者	B大学 受験者／合格者	平均合格率
X塾	100人／20人	100人／30人	25%
Y塾	100人／18人	100人／26人	22%

以上よりX塾の方が高い。

S2

	A大学 受験者／合格者	B大学 受験者／合格者	平均合格率
X塾	400人／80人	100人／30人	22%
Y塾	100人／18人	300人／78人	24%

以上よりY塾の方が高い。

S3　どちらの平均合格率が高くなるかは受験者数によって変わるのではないかな？

　個人で数値を設定して計算した後にグループで意見を交換し，グループ内の特徴的な解答を全体で共有します。

(3)平均合格率と受験者数の関係をグループで考察する

　グループ・全体で様々な人数設定と平均合格率の具体例を共有する中で，数値の傾向に気づく生徒もいると予想されます。そこで次の発問をします。
T　　平均合格率は，受験者数によってどのように変わるだろうか？　また，

140

どういう場合にＹ塾の平均合格率の方が高くなるだろうか？

S1　受験者数にかかわらず，平均合格率はＸ塾が20〜30％の間，Ｙ塾が18〜26％の間になるよ。

S2　どちらの塾も平均合格率は，Ａ大学の受験者数が多くなれば低くなり，Ｂ大学の受験者数が多くなれば高くなるね。

S3　Ｘ塾のＡ大学受験者数が多く，Ｙ塾のＢ大学受験者数が多くなれば，Ｙ塾の平均合格率の方が高くなりやすいよ。

S4　例えば，次の表のように，Ｂ大学に比べてＡ大学の受験者数が多くなればＸ塾の平均合格率は20％に近づき，Ａ大学に比べてＢ大学の受験者数が多くなればＹ塾の平均合格率は26％に近づくよ。

	A大学	B大学	平均合格率
	受験者／合格者	受験者／合格者	
X塾	10000人／2000人	10人／3人	20.009…％
Y塾	50人／9人	10000人／2600人	25.960…％

　どのような場合にＹ塾の方が高くなるかを確認します。Ｓ２やＳ３のような意見は，Ｓ４のような極端な数値例があると導き出されやすいと考えます。具体例を考察する場面でこのように考えた個人・グループがあれば，全体で共有します。

(4)本時のまとめと振り返り

　本時の内容を振り返り，２つの量を合わせたときの平均の割合を考える場合は，特に基準量が異なるときにもとの割合の平均を考えてはいけない（割合同士を加えることはできない）ことを強調することが重要です。また，今回の題材は「シンプソンのパラドックス」と呼ばれるもので，母集団での傾向と，母集団を分割した集団での傾向が異なる場合があることに注意しなければならない問題であることに触れ，他の例なども引用しながら，生徒の興味・関心をもたせることが効果的です。

第7章　高等学校での実践　141

3 実践を進めるにあたって

(1)指導上の留意点

　展開例(2)で，受験者数を自分で適当に設定して，平均合格率を調べる活動に取り組む際に，A大学とB大学の受験者数にあまり差がない場合のみを調べて，Y塾の平均合格率の方が高くなる場合を見つける生徒がいないことも考えられます。このような場合は，授業者からY塾の方が高くなる例を1つ示し，他にもY塾が高くなる場合がないか調べさせる活動を通して，展開例(3)につなげることが重要です。

(2)他の問題設定・展開例

　展開例(3)のS1の内容について，深く検討する流れも考えられます。

【発展問題】
「X塾の平均合格率が20%より大きく30%より小さくなる」ことを説明してみましょう。
(解答例①／不等式の変形による説明)
A大学，B大学の受験者数を A，B，合格者数を a，b とすると，
X塾のA大学，B大学の合格率および平均合格率はそれぞれ，

$\dfrac{a}{A}=0.2$, $\dfrac{b}{B}=0.3$, $\dfrac{a+b}{A+B}$ と表すことができる。

$a=0.2A$，$b=0.3B$ であるから，$\dfrac{a+b}{A+B}=\dfrac{0.2A+0.3B}{A+B}$ … (*) と表せる。

$0.2A+0.2B<0.2A+0.3B<0.3A+0.3B$ であり，
$0.2A+0.2B=0.2(A+B)$，$0.3A+0.3B=0.3(A+B)$ であるから，

142

$0.2 = \dfrac{0.2(A+B)}{A+B} < \dfrac{a+b}{A+B} < \dfrac{0.3(A+B)}{A+B} = 0.3$ である。

なお，加比の理から，$0.2 = \dfrac{a}{A} < \dfrac{a+b}{A+B} < \dfrac{b}{B} = 0.3$ としてもよい。

（解答例②／背理法による説明）

（*）までは同様

$\dfrac{a+b}{A+B} \leqq 0.2$ であると仮定すると，$\dfrac{0.2A + 0.3B}{A+B} \leqq 0.2$ であるが，

これを変形すると，$B \leqq 0$ となり矛盾が生じる。

したがって，$\dfrac{a+b}{A+B} > 0.2$ である。

$\dfrac{a+b}{A+B} < 0.3$ となることも同様。

「Y塾の平均合格率が18％より大きく26％より小さくなる」ことについても，同様に示すことができます。

また，展開例(3)のS4の内容について，$\dfrac{0.2A + 0.3B}{A+B} = \dfrac{0.2 + \dfrac{0.3B}{A}}{1 + \dfrac{B}{A}}$ と変形

することで，A を大きくする（A大学の受験者数を多くする）と，平均合格率は0.2に近づくことが（直感的にですが）わかります。

同様に，$\dfrac{0.18A + 0.26B}{A+B} = \dfrac{\dfrac{0.18A}{B} + 0.26}{\dfrac{A}{B} + 1}$ と変形することで，B を大きくする

（B大学の受験者数を多くする）と，平均合格率は0.26に近づくことが（直感的にですが）わかります。

第7章　高等学校での実践　143

第4節　陽性判定者の確率
　　　　（数学Ａ・条件付確率）

1　実践の概要

(1)単元における位置づけ

　本実践は，数学Ａの単元「場合の数と確率」の条件付確率を学んだ後に，発展「原因の確率」（２時間扱い）としてこの単元の最後に実践することを想定しています。

(2)本実践の目標

割合の目標

●検査で陽性と判定されたときに，実際に感染している確率を求める活動を通して，確率と確率をかけること（PP タイプ），確率を確率でわること（P/P タイプ）を扱う中で，基準量を意識する重要性を再認識する。

単元に関わる目標

●条件付確率の考えを使って，原因の確率の求め方を表などを使って考え，確率を実際に求めることができる。　　　　［数学Ａ／(1)場合の数と確率イ］

(3)実践で扱う問題

【問題１】　Ａ市の全市民に対するコロナ感染者の割合（感染率）は0.2％と言われています。Ａ市在住のＰさんは PCR 検査を実施した結果，陽性と判定されました。Ｐさんが実際に感染している確率は何％で

すか。ただし，このPCR検査は，感染者が陽性と正しく判定される確率が80％，非感染者が陰性と正しく判定される確率が90％です。

【問題2】 A市在住のQさんはPCR検査を実施した結果，陰性と判定されました。Qさんが実際に感染していない確率は何％ですか。

　問題1は，PPタイプとP/Pタイプの混合問題です。全市民に対する感染者の割合（感染率）0.2％は，ある自治体の過去のデータに近いものです。感染者が陽性と正しく判定される確率の80％と，非感染者が陰性と正しく判定される確率の90％は，どちらを考えているのか混乱しないようにあえて異なる数値にしました。0.2％，80％，90％は，いずれも基準量が異なるため，問題解決に際しては，常に基準量が何であるかを意識することが重要です。

　（解答例） $\dfrac{0.002 \times 0.8}{0.002 \times 0.8 + (1 - 0.002) \times (1 - 0.9)} \fallingdotseq 0.016$ 　約1.6％

　問題2も，考え方は問題1と同じです。
　（解答例） $\dfrac{(1 - 0.002) \times 0.9}{0.002 \times (1 - 0.8) + (1 - 0.002) \times 0.9} = 0.9995\cdots$ 　ほぼ100％

2　展開例

(1)問題1を提示して予測し，個人で追究する

　問題1を提示し，求めたい確率を直感で予想させます。例えば下のア～エのような選択肢を設けることが考えられます。

　　ア　99％以上　　　イ　80％程度　　　ウ　50％程度　　　エ　20％以下

　また，問題理解の前提として，「100％正確な検査は存在しない」ことを確認することが重要です。

　次に個人で追究する時間をとります。

S1　80％が陽性と判断されるのだから，80％では？

S2　そもそも0.2％しか感染していないのだから，0.2％だと思う。

第7章　高等学校での実践　145

S3 　$100-0.2=99.8\%$かな？

S4 　$\dfrac{0.002\times0.8}{0.002\times0.8+(1-0.002)\times(1-0.9)}\fallingdotseq0.016$より，約1.6%。

S5 　表をつくり，陽性と判定された人のうちの感染者の割合を計算して，

　　　$\dfrac{0.16}{0.16+9.98}=\dfrac{0.16}{10.14}\fallingdotseq0.016$より，約1.6%。

	検査で陽性と判定	検査で陰性と判定	合計
感染者	0.002×0.8 $=0.0016=0.16\%$	0.002×0.2 $=0.0004=0.04\%$	0.002 $=0.2\%$
非感染者	0.998×0.1 $=0.0998=9.98\%$	0.998×0.9 $=0.8982=89.82\%$	$1-0.002$ $=0.998$ $=99.8\%$
合計	$0.0016+0.0998$ $=0.1014=10.14\%$	$0.0004+0.8982$ $=0.8986=89.86\%$	$1=100\%$

(2)表の考え方を，グループ・全体で共有する

　(1)のS5の表の枠のみを板書し，「検査で陽性と判定され，実際に感染している確率」を求めるためには，表のどの部分が必要であるかを考えます。生徒の実態によっては，A市の人口を例えば10万人であるとして計算すると，考えやすいでしょう。

	検査で陽性と判定	検査で陰性と判定	合計
感染者	A	B	C
非感染者	D	E	F
合計	G	H	$1(100\%)$

　問題文の80%や90%などの確率（割合）は，何を基準量としているのか，全体で再確認します。

S1 　80%の基準量は，実際に感染している人（感染者）。

S2 　90%の基準量は，実際に感染していない人（非感染者）。

S3　80％と90％は基準量が異なっているね。

　生徒の実態に応じて，C，F，A，D，Gの順で適宜確認し，「検査で陽性と判定され，実際に感染している確率」を求めます。

S1　Cは基準量が全体（＝1）で，C＝0.002。
S2　Fは基準量がCと同じ全体（＝1）で，F＝1－0.002＝0.998。
S3　AはCの80％だから，A＝C×0.8＝0.002×0.8＝0.0016。
S4　DはFの10％だから，D＝F×0.1＝0.998×0.1＝0.0998。
S5　GはAとDをたして，G＝A＋D＝0.0016＋0.0998＝0.1014。
S6　求める確率は$\frac{A}{G}$だから，$\frac{0.0016}{0.1014}$≒0.016で，約1.6％。
S7　思ったよりも確率は低いね。こんなに当たらないのは驚きだ！

(3)実際に感染している確率1.6％の要因を考える

T　　問題で「正しく判定される確率が80％」と書いてあるのに，1.6％になりました。「おかしいな」と思っている人に，どのように説明しますか？
S1　80％は実際に感染している人のうち陽性と判定された人の確率で，1.6％は陽性と判定された人のうち実際に感染している人の確率。
S2　80％と1.6％は基準量が異なっているから（表でCとG）。

　基準量が異なっていることを確認し，基準量を意識することの大切さを強調します。

(4)問題2を個人で考え，全体で交流する

S1　表を利用すればできる。問題1と同様に考えれば$\frac{E}{H}$となるはず。
S2　EはFの90％だから，E＝F×0.9＝0.998×0.9＝0.8982。
S3　B＝0.002×0.2＝0.0004だから，H＝B＋E＝0.0004＋0.8982＝0.8986。
S4　求めたい確率$\frac{E}{H}$＝$\frac{0.8982}{0.8986}$＝0.9995…より，ほぼ100％。

　問題1の約1.6％に対して問題2のほぼ100％という意外な結果を振り返り，

第7章　高等学校での実践　147

PCR 検査の判定結果を正しく評価することの大切さを共有します。

3 実践を進めるにあたって

(1)指導上の留意点

　本時で扱う問題は PP タイプと P/P タイプの混合問題です。問題には複数の確率（割合）が出てきますが，いずれも基準量が異なります。生徒が問題を把握するためには「この確率（割合）の基準量は何か」が常に意識できるような働きかけが大切です。

　指導例としてあげたものには表を使用しましたが，感染者と非感染者を視覚的に捉えるために，確率（割合）の大小を，次のような面積図で表す方法もあります。

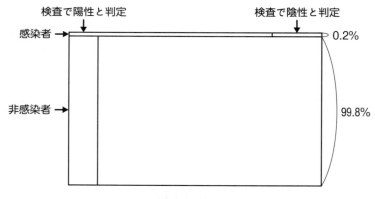

問題解決のための図

(2)他の問題設定・展開例

　問題１，問題２に続く発展的な内容として，全市民の感染率（割合）を高くした問題３を扱うことが考えられます。

【問題3】 B市の全市民に対するコロナ感染者の感染率（割合）は40％と言われています。B市在住のRさん，Sさんが，A市と同じPCR検査を実施した結果，Rさんは陽性，Sさんは陰性と判定されました。Rさんが実際に感染している確率，Sさんが実際に感染していない確率をそれぞれ求めなさい。

　問題3は，全市民に対するコロナ感染者の割合（感染率）を0.2％から40％と高くしてあります。全市民の感染率が低い場合と高い場合とでは，同じ検査をしても確率が変わることを扱う発展的な内容です。

（解答例）

Rさん：$\dfrac{0.4 \times 0.8}{0.4 \times 0.8 + (1-0.4) \times (1-0.9)} \fallingdotseq 0.842$　約84.2％

Sさん：$\dfrac{(1-0.4) \times 0.9}{0.4 \times (1-0.8) + (1-0.4) \times 0.9} \fallingdotseq 0.871$　約87.1％

	検査で陽性と判定	検査で陰性と判定	合計
感染者	0.4×0.8＝0.32	0.4×0.2＝0.08	0.4
非感染者	0.6×0.1＝0.06	0.6×0.9＝0.54	0.6
合計	0.32＋0.06＝0.38	0.08＋0.54＝0.62	1

　Rさんの約84.2％という結果は，Pさんの約1.6％と比べると確率が大幅に高くなっています。一方，Sさんの約87.1％という結果は，Qさんのほぼ100％と比べると確率は若干低くなっています。これらの結果を振り返り，全市民の感染率が変わると，PCR検査が正しく判定される確率は高くなったり低くなったりすることについて，指導する展開が考えられます。

第7章　高等学校での実践　149

引用・参考文献

第1章

1　熊倉啓之（2022）4．各国の教科書の分析　4.2フィンランド，算数・数学の教科書の世界的潮流に関する調査研究（代表者：西村圭一）報告書，59－90.

2　熊倉啓之・國宗進・柗元新一郎（2019）中学生・高校生の割合の理解に関する調査研究，静岡大学教育実践総合センター紀要29，80－89.

3　熊倉啓之・國宗進・柗元新一郎（2023）割合と比の関係に焦点を当てた割合指導の在り方，静岡大学教育実践総合センター紀要33，101－108.

4　熊倉啓之・國宗進・柗元新一郎・近藤裕・早川健（2024）小中高を一貫する割合指導の体系的カリキュラムとその具体，静岡大学教育実践総合センター紀要34，183－192.

5　直芳子（1990）小学校における「割合」指導の変遷(1)－「割合」と「比」の定義に着目して－，日本数学教育学会誌72(12)，22－27.

6　Parker, M. & Leinhardt, G.（1995）Percent-A privileged proportion, *Review of Educational Research*, 65(4), 421-481.

第2章

7　金井寛文（2002）割合に関する児童・生徒の理解の実態についての一考察，日本数学教育学会誌84(8)，3－13.

8　熊倉啓之・國宗進・柗元新一郎（2019）2に同じ

9　熊倉啓之・國宗進・柗元新一郎・早川健・近藤裕（2022）小学生の割合の理解に関する研究，静岡大学教育実践総合センター紀要32，127－134.

10　柗元新一郎・熊倉啓之・國宗進（2021）小学校教員養成段階における大学生の割合の理解に関する調査研究―中学生・高校生の調査結果との比較を通して－，静岡大学教育実践総合センター紀要31，137－146.

第3章

11　Dewar, J.M.（1984）Another look at the teaching of percent, *The Arithmetic Teacher*, 31(7), 48－49.

12　Haubner, M.A.（1992）Percents-Developing meaning through models, *The Arithmetic Teacher*, 40(4), 232－233.

13　熊倉啓之編著（2013）『フィンランドの算数・数学教育』明石書店

14　熊倉啓之・國宗進・松元新一郎（2021）海外の先行研究からみた日本の割合指導の特徴，静岡大学教育実践総合センター紀要31，117－126.

15　Parker, M. & Leinhardt, G.（1995）6に同じ

16　van den Heuvel-Panhuizen, M.（2003）The didactical use of models in realistic mathematics education-An example from a longitudinal trajectory on percentage. *Educational Studies in Mathematics*, 54(1), 9－35.

第4章

17　国立教育政策研究所（2015）平成27年度全国学力・学習状況調査報告書小学校算数，68－75.

18　熊倉啓之・國宗進・松元新一郎・近藤裕・早川健（2024）4に同じ

19　沢田佳史（2019）連立方程式の単元における割合の指導に関する一考察，日本科学教育学会年会論文集43，189－192.

第5章

20　平等正基・熊倉啓之（2021）小学校第6学年「比」の単元における割合の指導実践，日本科学教育学会年会論文集45，393－396.

第6章

21　平等正基・熊倉啓之・國宗進（2023）中学校数学科における割合の理解を深める学習指導－方程式の利用場面に焦点を当てて－，日本数学教育学会秋期研究大会発表収録56，409－412.

22　杉山智子・熊倉啓之（2022）中学3年生におけるPP問題を題材とした割合の授業実践，日本科学教育学会年会論文集46，413－416.

23　和田勇樹（2019）中学1年生における割合の指導実践－調理実習における食材の廃棄率を題材にして－，日本科学教育学会年会論文集43，185－188.

第7章

24　国立教育政策研究所（2013）特定の課題に関する調査（論理的な思考）調査結果－21世紀グローバル社会における論理的に思考する力の育成を目指して－，100－105.

【編著者紹介】

熊倉　啓之（くまくら　ひろゆき）
静岡大学名誉教授。2024年3月に静岡大学教育学部を定年退職。専門は数学教育学。主な著書に『数学的な思考力・表現力を鍛える授業24』（明治図書），『フィンランドの算数・数学教育』（明石書店），『なるほど！いっぱい中学数学』（日本評論社）など。

【執筆者紹介】（所属は2025年3月時点）

熊倉　啓之　静岡大学名誉教授［第1章1～2節，第2章1節，第3章1節，第4章1～2節，第6章3節，コラム（1～6章）］
國宗　進　静岡大学名誉教授［第2章3節，第3章3節］
松元新一郎　静岡大学教育学部教授［第2章4節，第3章4節］
近藤　裕　奈良教育大学教授［第2章2節］
早川　健　山梨大学大学院教育学研究科教授［第3章2節］

馬渕　達也　静岡県浜松市立広沢小学校教諭［第5章1節］
江頭　希美　文部科学省専門職（浜松市小学校教諭）［第5章2節］
杉山　俊介　静岡県静岡市立清水小学校［第5章3節］
平等　正基　静岡県湖西市立湖西中学校教諭［第5章4節，第6章4節］
和田　勇樹　静岡県立清水南高等学校中等部教諭［第6章1節］
美澤　将史　静岡大学教育学部附属島田中学校教諭［第6章2節］
杉山　智子　静岡県西遠女子学園教諭［第6章5節，第7章4節］
谷川　尚　静岡県立藤枝北高等学校教諭［第7章1節］
冨田　真永　静岡県立静岡高等学校教諭［第7章2節］
田開　伯幸　静岡県立清水東高等学校教諭［第7章3節］

小学校・中学校・高等学校を一貫した「割合」の指導

2025年4月初版第1刷刊　Ⓒ編著者　熊　倉　啓　之
　　　　　　　　　　　　発行者　藤　原　光　政
　　　　　　　　　　　　発行所　明治図書出版株式会社
　　　　　　　　　　　　　　　　http://www.meijitosho.co.jp
　　　　　（企画）矢口郁雄（校正）大内奈々子・安藤龍郎
　　　　　　　　〒114-0023　東京都北区滝野川7-46-1
　　　　　　　　振替00160-5-151318　電話03(5907)6701
　　　　　　　　　　　　ご注文窓口　電話03(5907)6668

＊検印省略　　　　　組版所　藤原印刷株式会社

本書の無断コピーは，著作権・出版権にふれます。ご注意ください。

Printed in Japan　　　　　　　　ISBN978-4-18-018551-1

もれなくクーポンがもらえる！読者アンケートはこちらから→